Este libro pertenece a:

_____

_____

Abuela

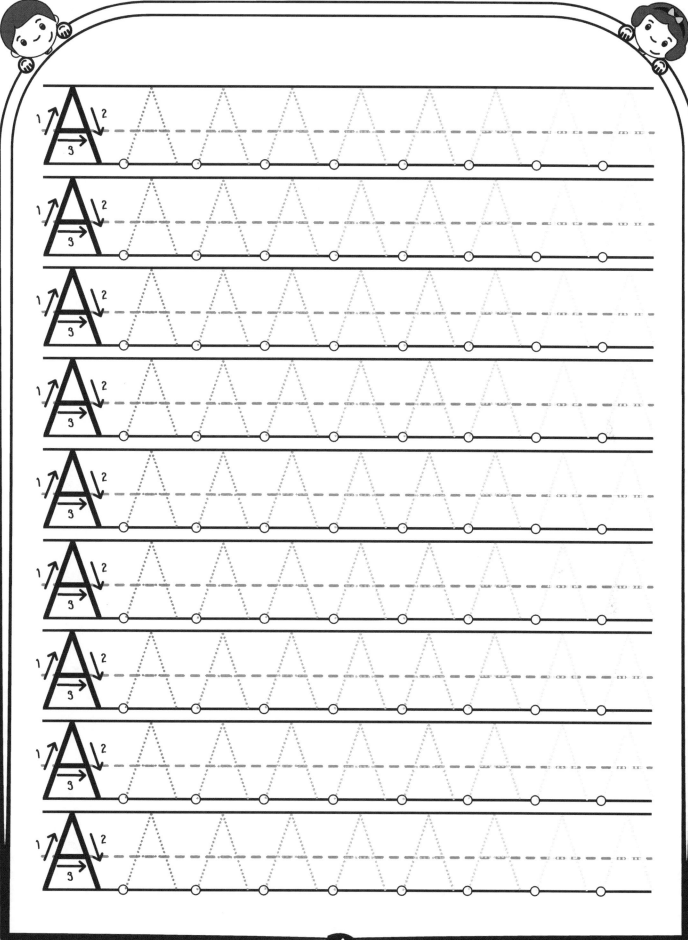

AaBbCcDdEeFfGgHhIiJjKkLlMmNn

A

ÑñOoPpQqRrSsTtUuVvWwXxYyZz

autobus

AaBbCcDdEeFfGgHhIiJjKkLlMmNn   **a**   ÑñOoPpQqRrSsTtUuVvWwXxYyZz

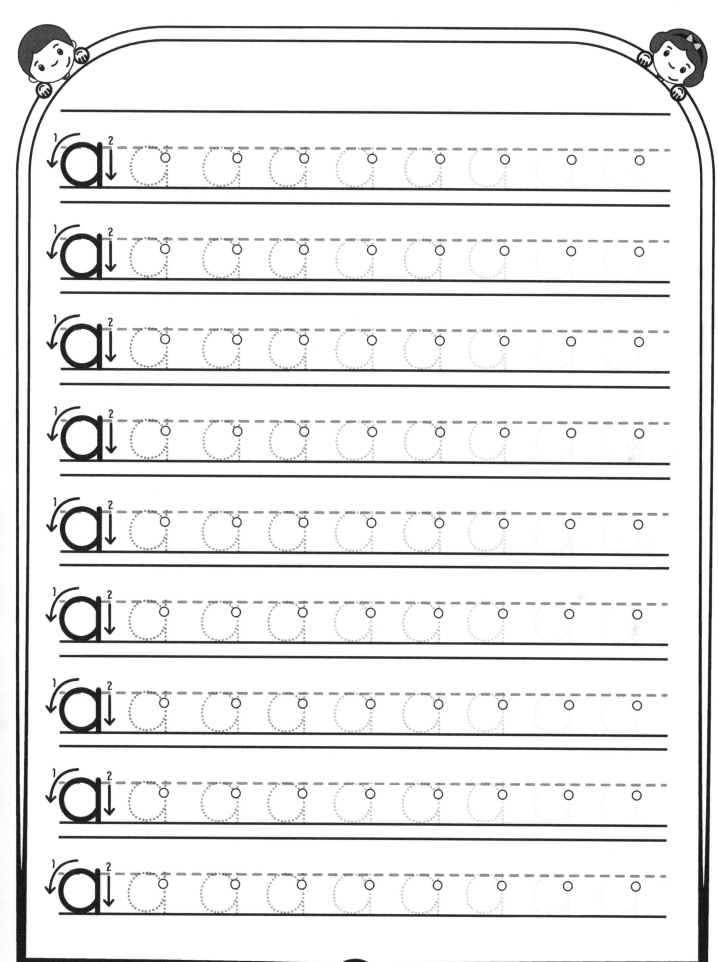

AaBbCcDdEeFfGgHhIiJjKkLlMmNn a ÑñOoPpQqRrSsTtUuVvWwXxYyZz

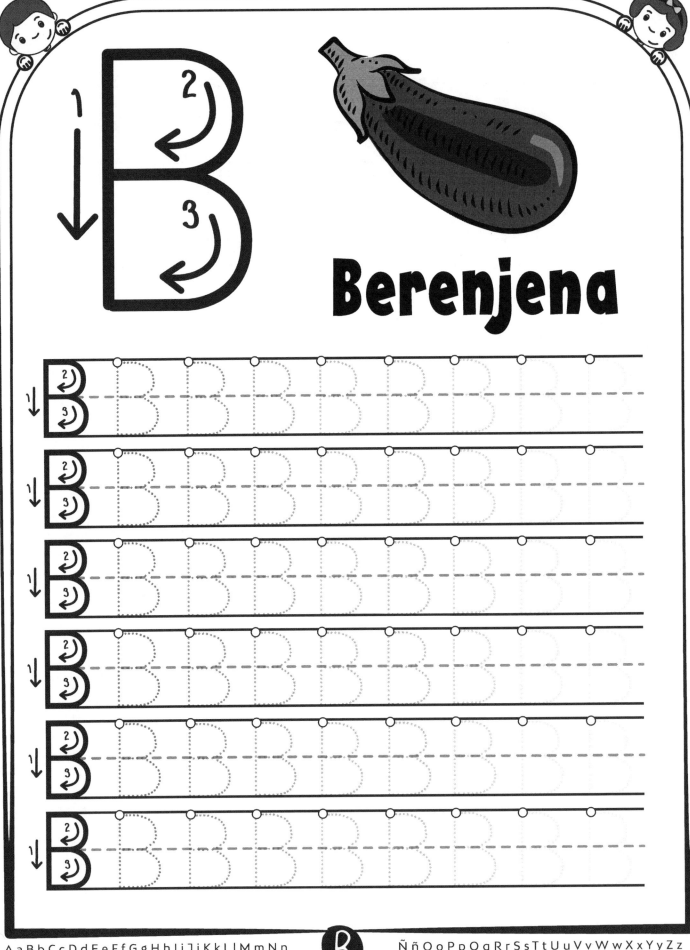

B

Berenjena

AaBbCcDdEeFfGgHhIiJjKkLlMmNn　　Ⓑ　　ÑñOoPpQqRrSsTtUuVvWwXxYyZz

bicicleta

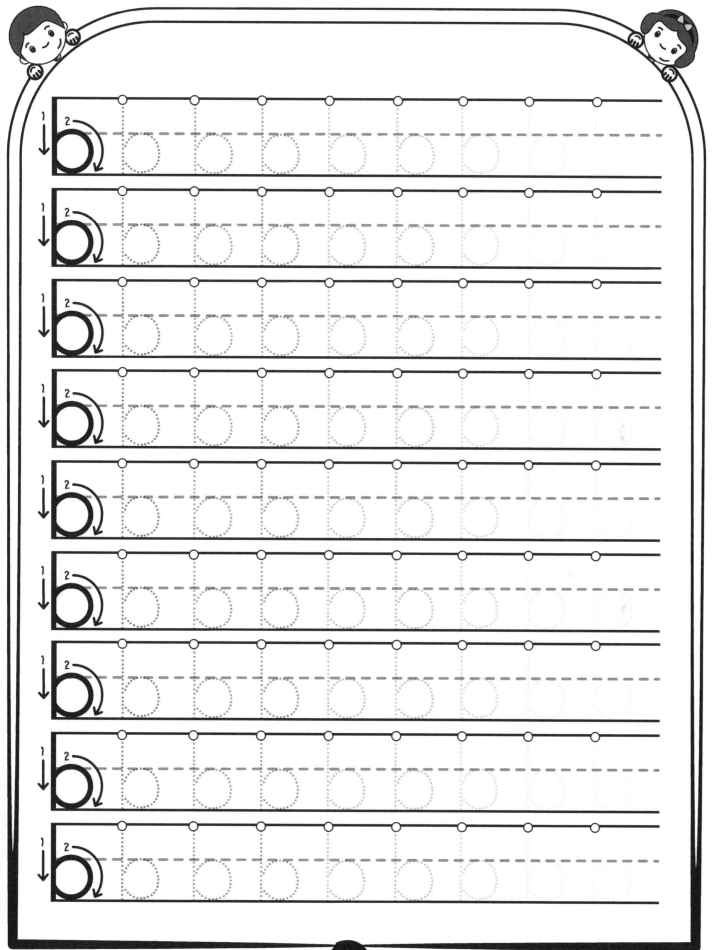

Camión

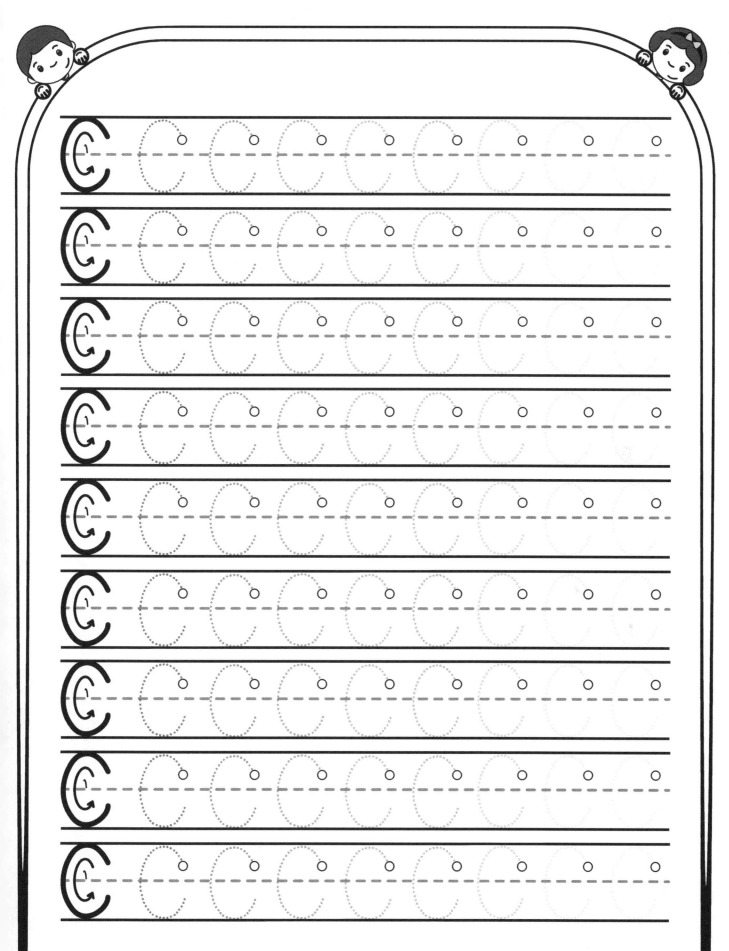

casa

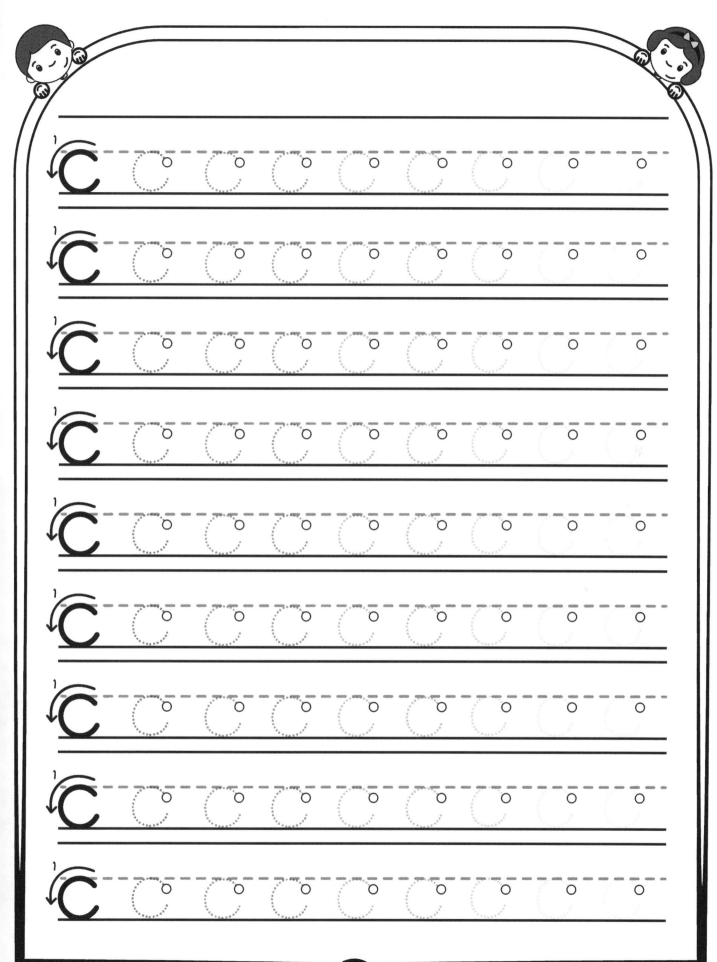

AaBbCcDdEeFfGgHhIiJjKkLlMmNn C ÑñOoPpQqRrSsTtUuVvWwXxYyZz

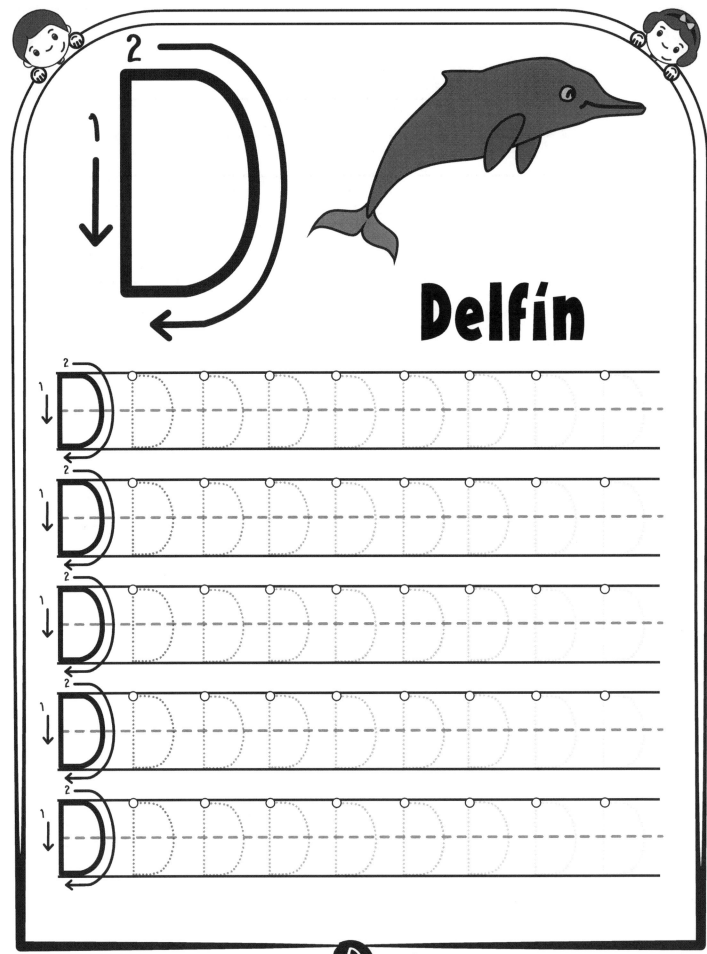

D

Delfín

AaBbCcDdEeFfGgHhIiJjKkLlMmNn   D   ÑñOoPpQqRrSsTtUuVvWwXxYyZz

dinosaurio

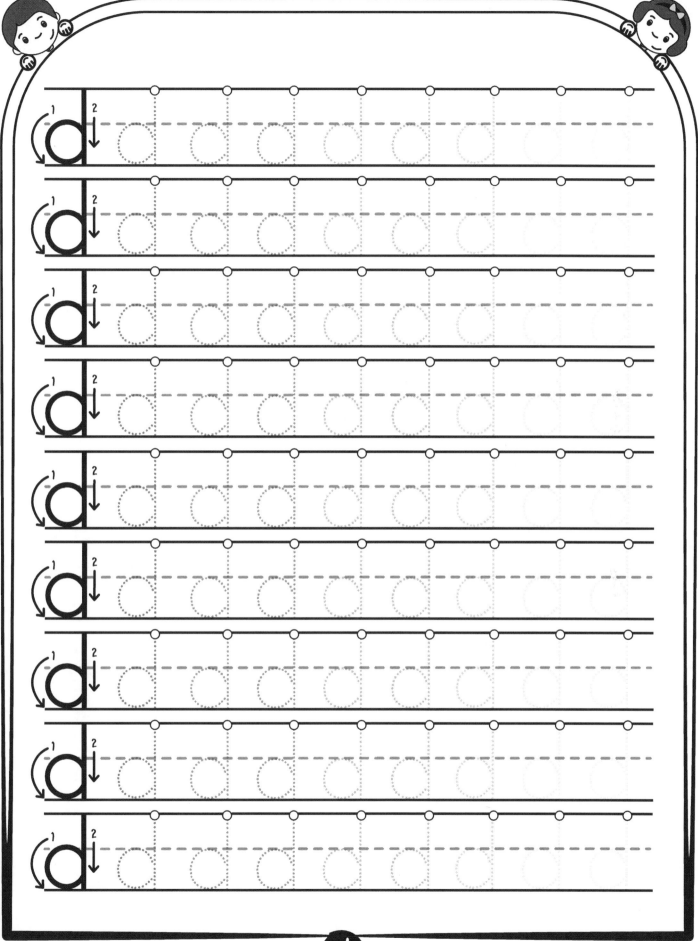

AaBbCcDdEeFfGgHhIiJjKkLlMmNn　　d　　ÑñOoPpQqRrSsTtUuVvWwXxYyZz

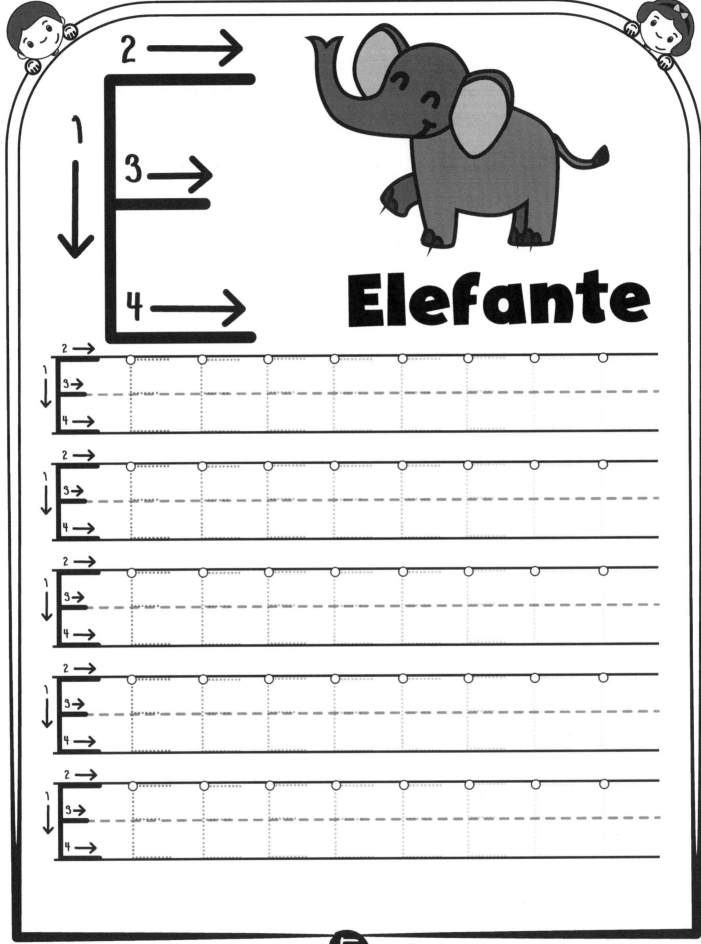

Elefante

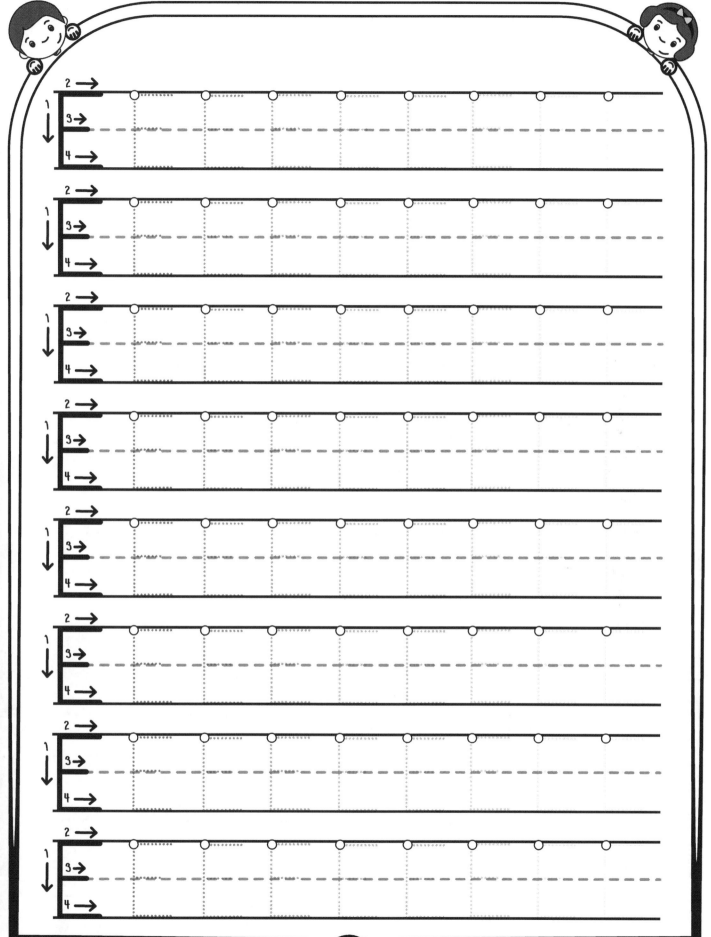

AaBbCcDdEeFfGgHhIiJjKkLlMmNn **E** ÑñOoPpQqRrSsTtUuVvWwXxYyZz

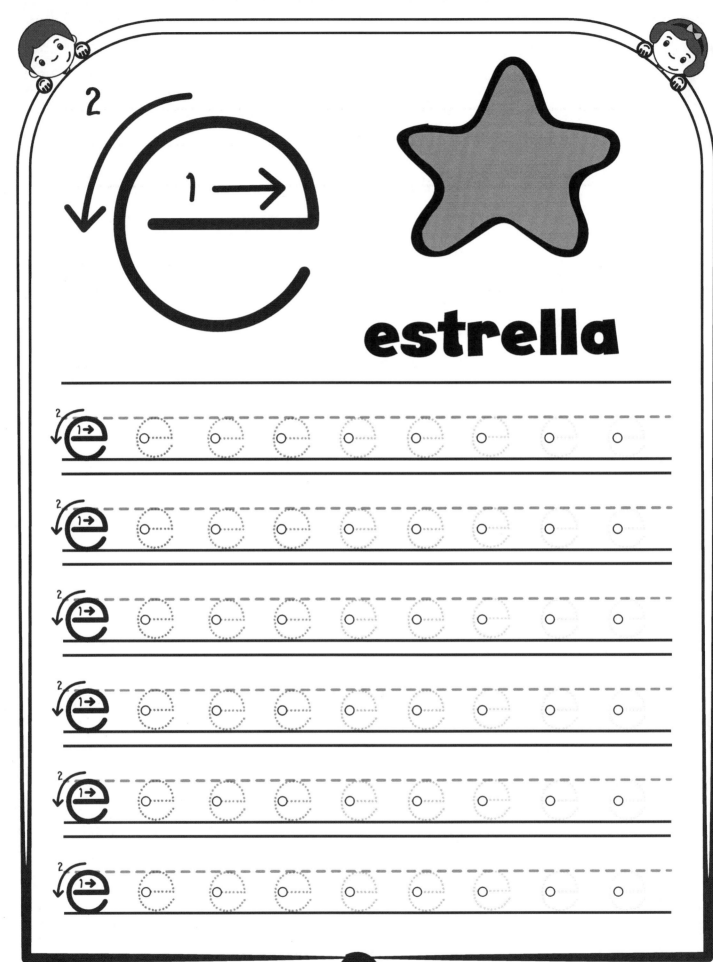

estrella

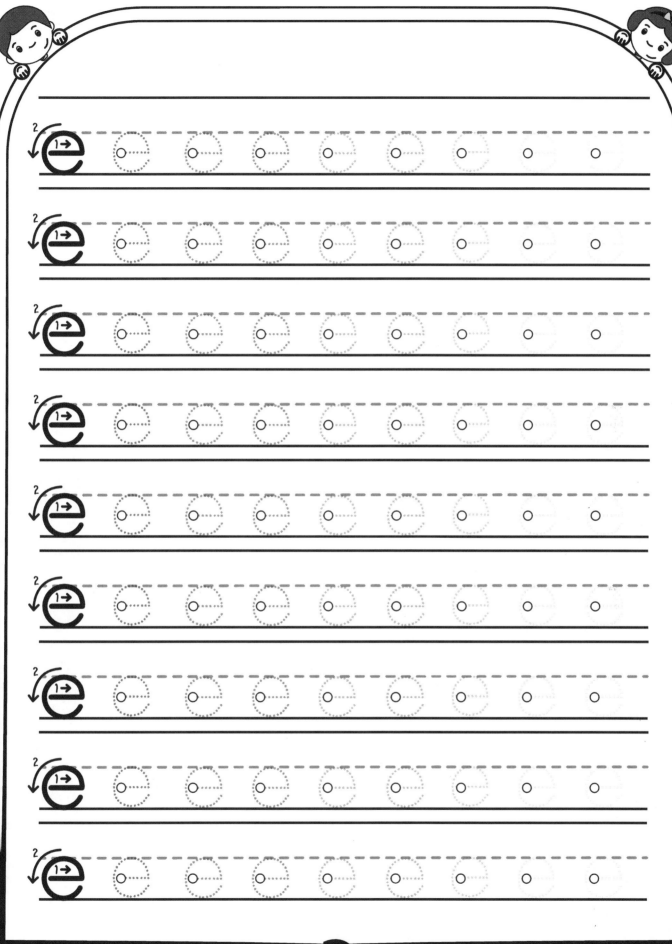

Fresa

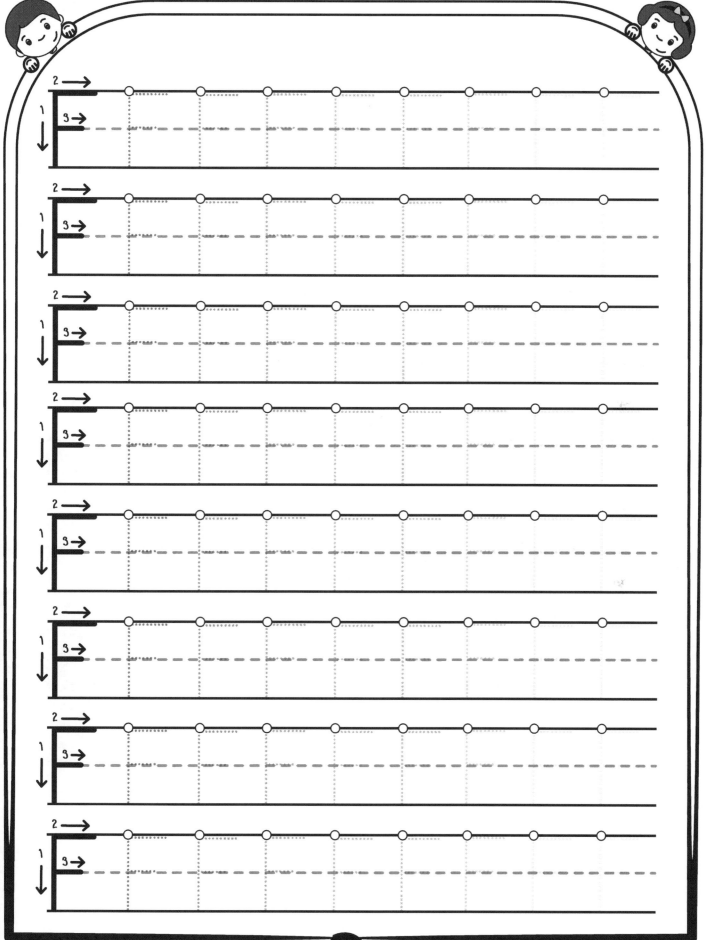

AaBbCcDdEeFfGgHhIiJjKkLlMmNn　Ｆ　ÑñOoPpQqRrSsTtUuVvWwXxYyZz

flor

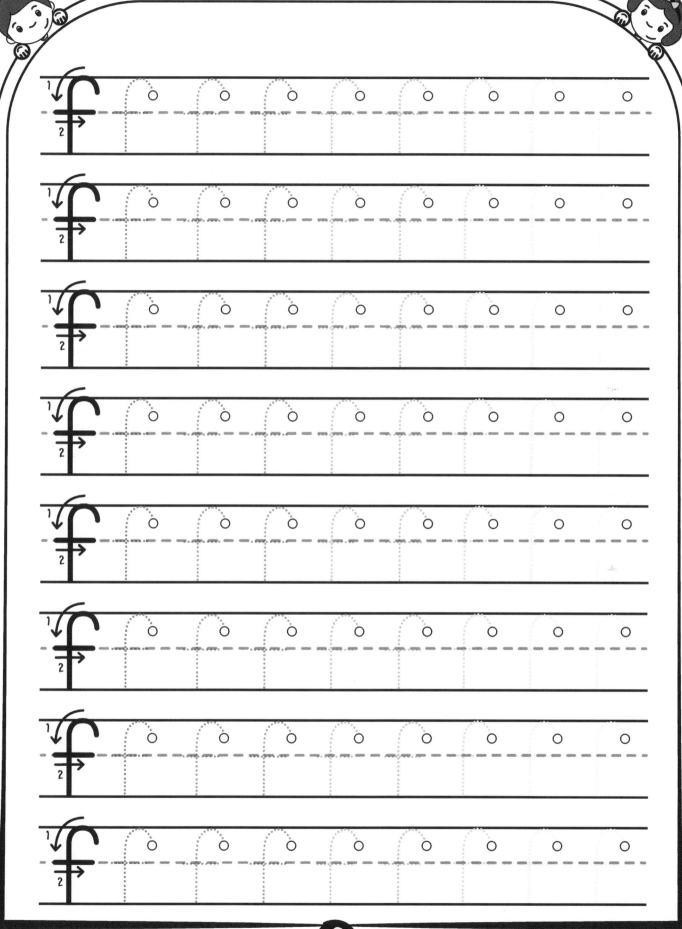

AaBbCcDdEeFfGgHhIiJjKkLlMmNn **f** ÑñOoPpQqRrSsTtUuVvWwXxYyZz

Gato

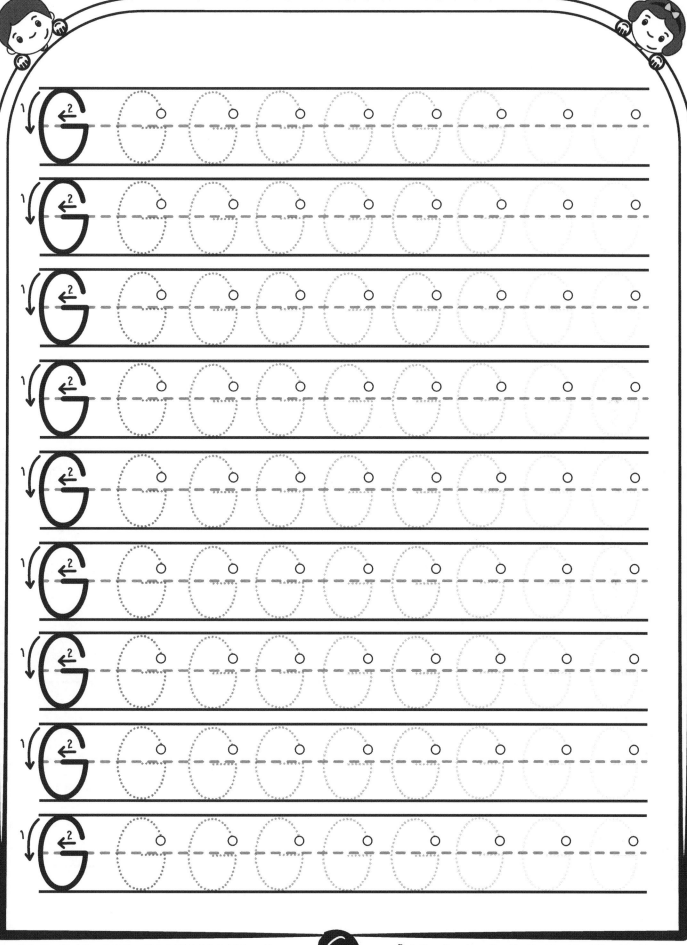

AaBbCcDdEeFfGgHhIiJjKkLlMmNn G ÑñOoPpQqRrSsTtUuVvWwXxYyZz

globo

A a B b C c D d E e F f G g H h I i J j K k L l M m N n   Ñ ñ O o P p Q q R r S s T t U u V v W w X x Y y Z z

g g g g g g g g g

g g g g g g g g g

g g g g g g g g g

g g g g g g g g g

g g g g g g g g g

g g g g g g g g g

g g g g g g g g g

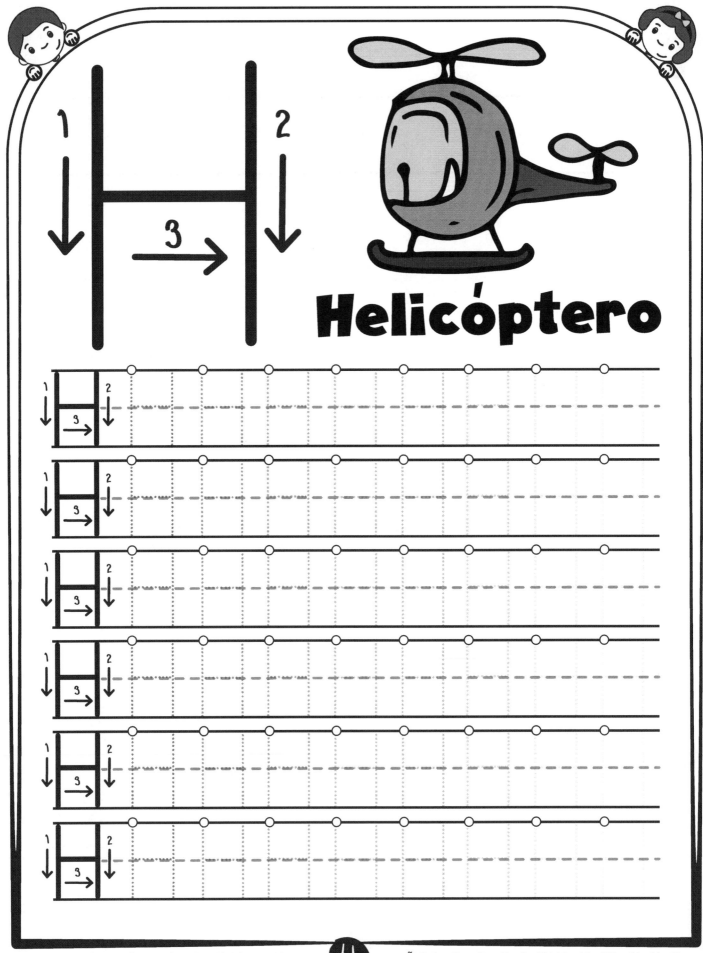

Helicóptero

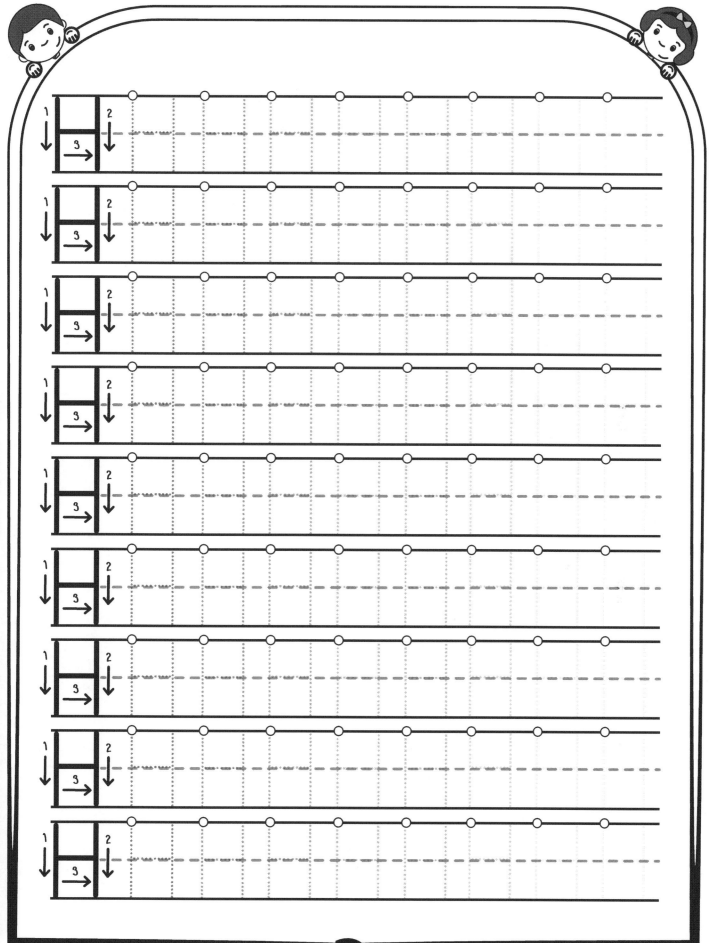

AaBbCcDdEeFfGgHhIiJjKkLlMmNn   Ññ OoPpQqRrSsTtUuVvWwXxYyZz

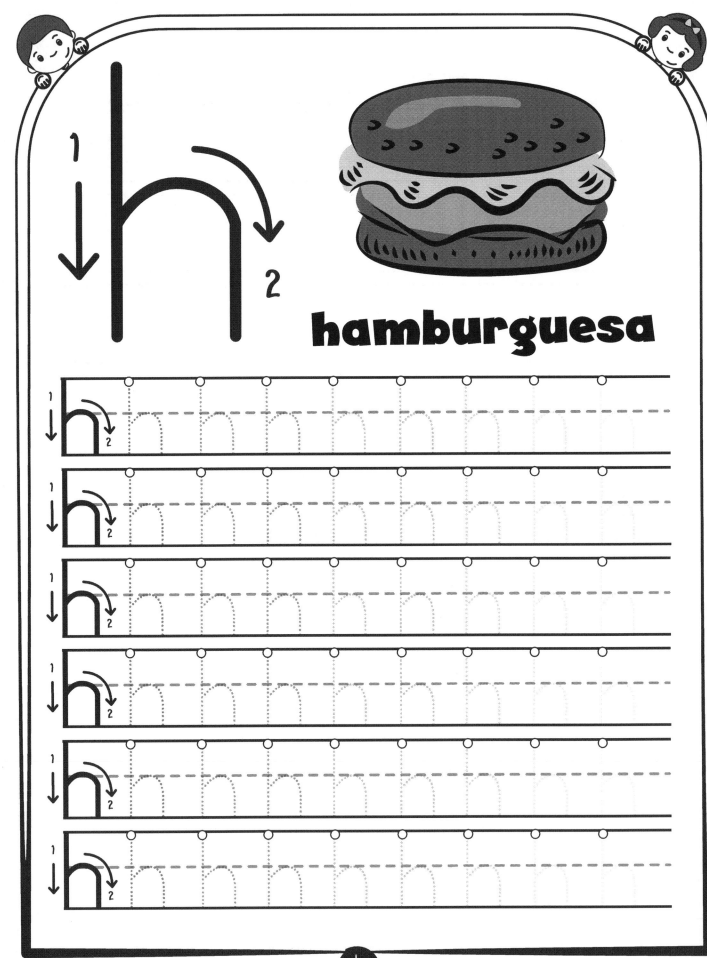

hamburguesa

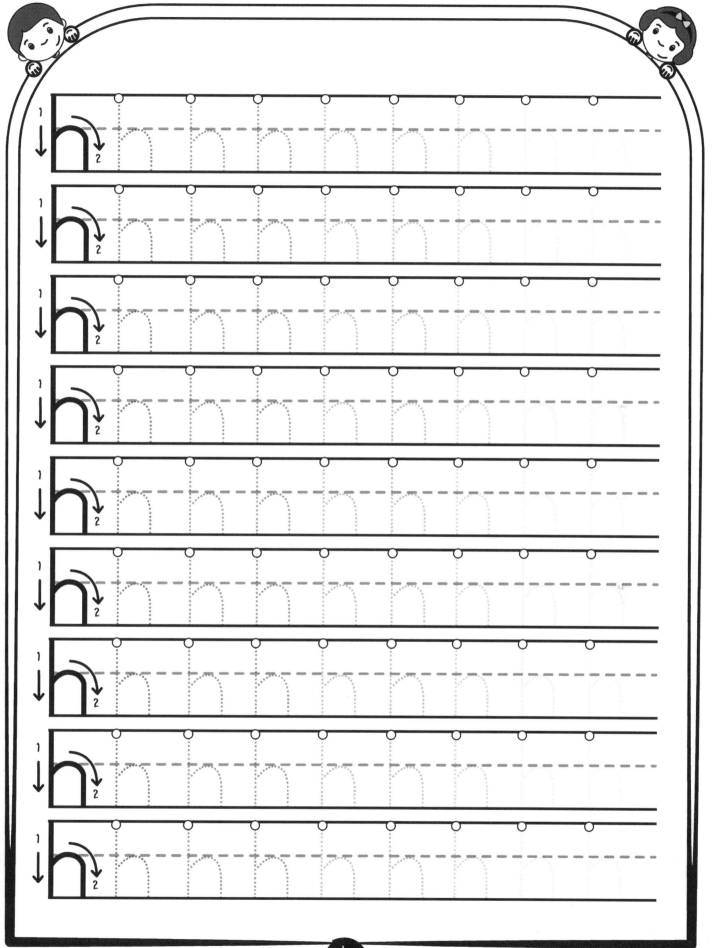

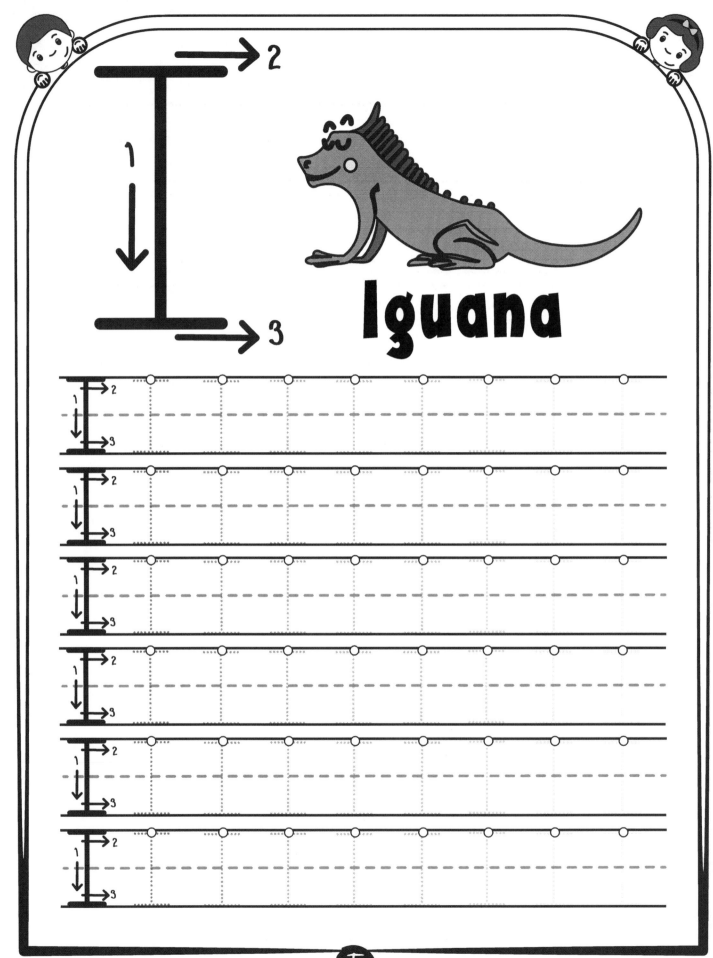

Iguana

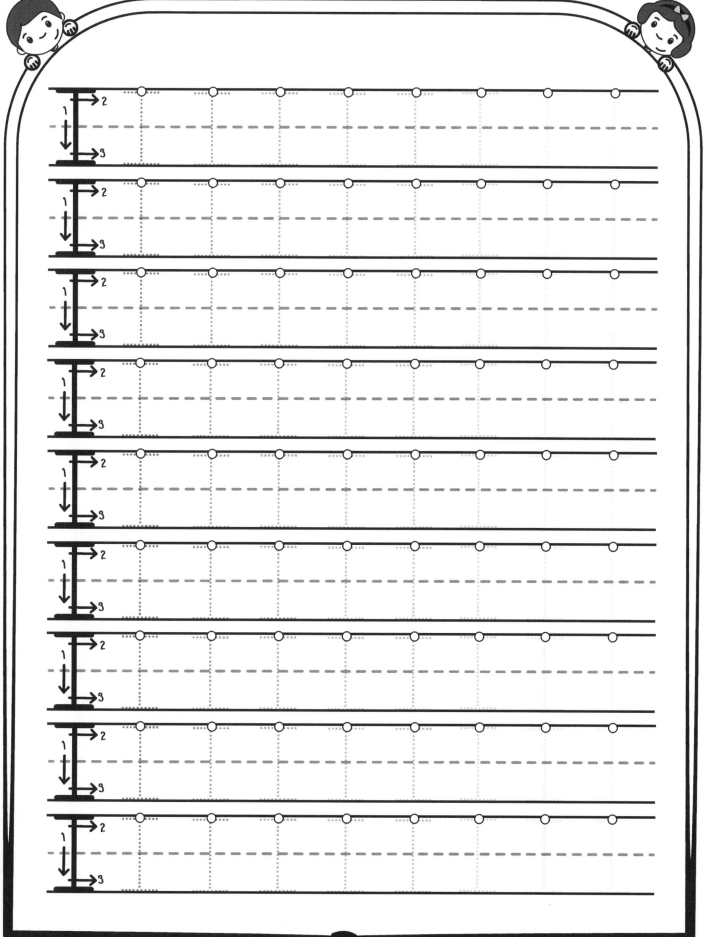

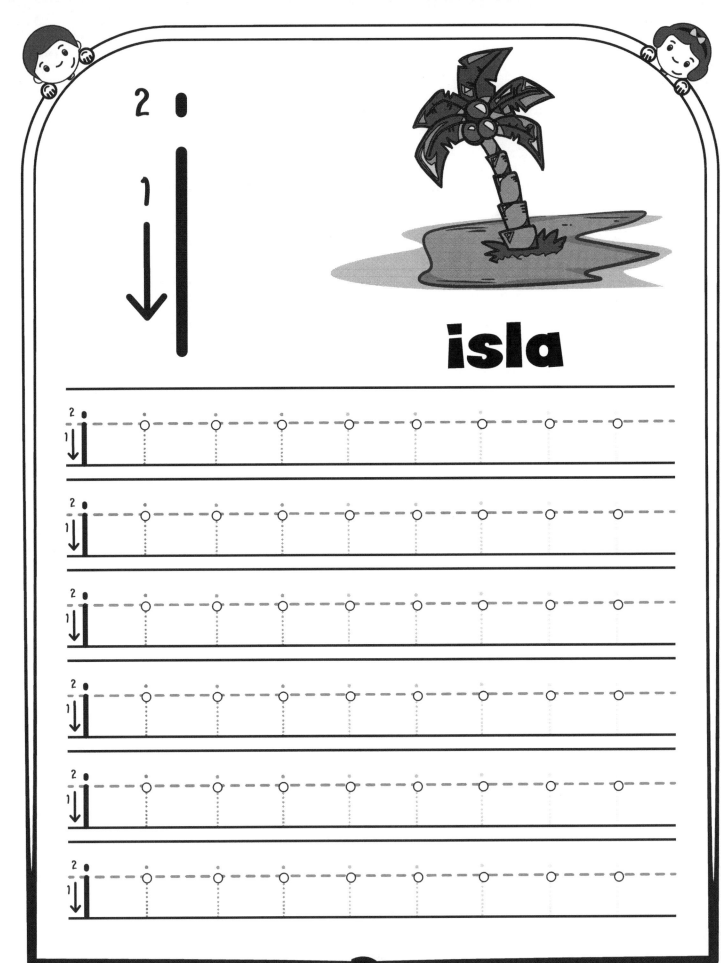

2

i

1

isla

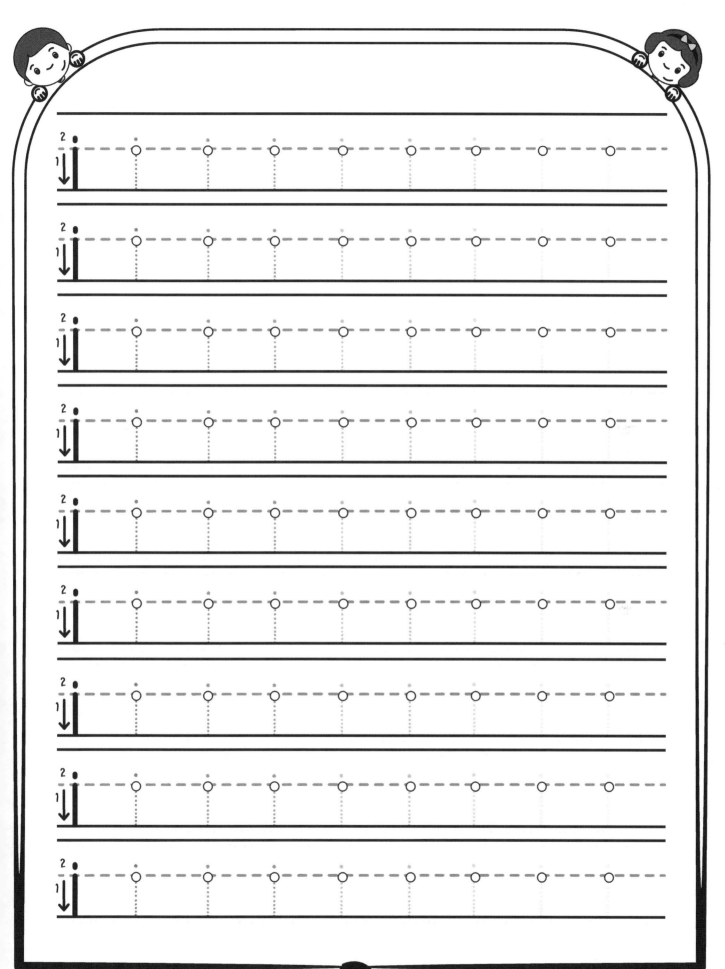

AaBbCcDdEeFfGgHhIiJjKkLlMmNn   ÑñOoPpQqRrSsTtUuVvWwXxYyZz

Jirafa

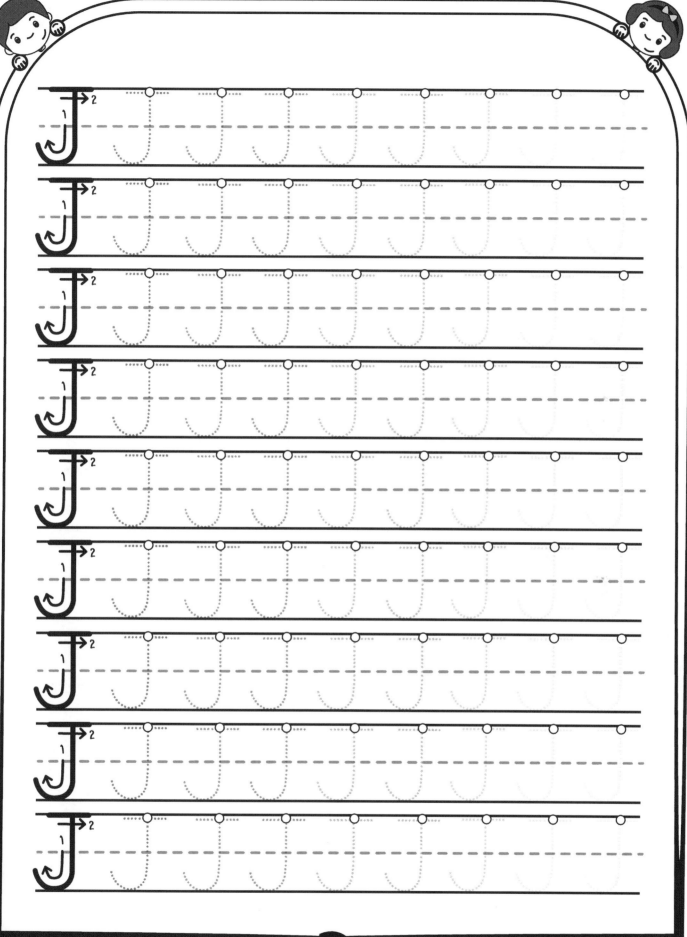

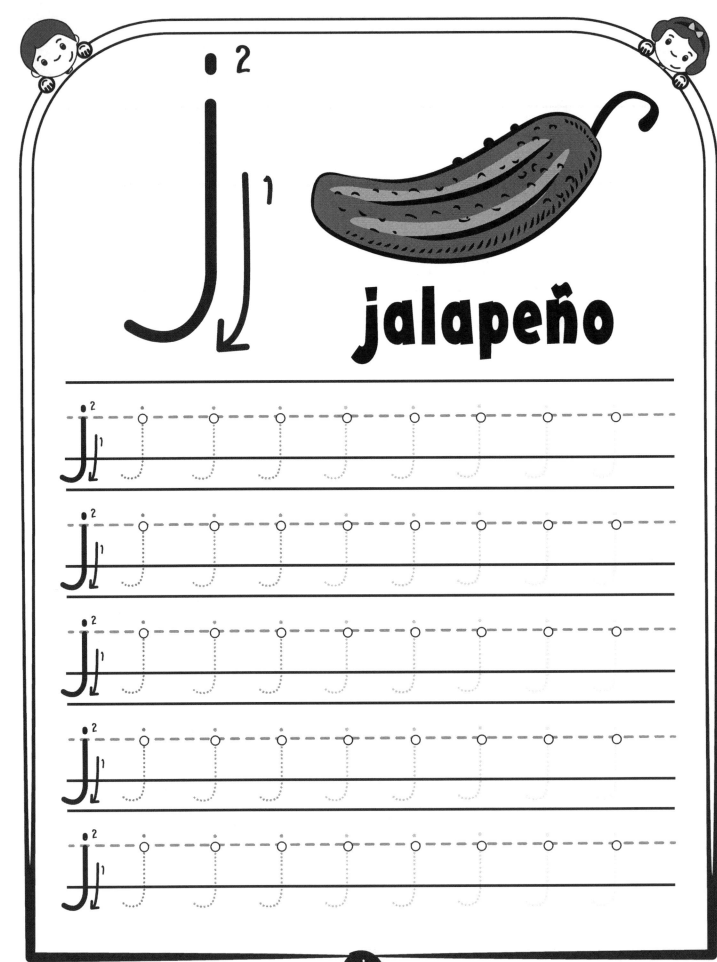

j J

jalapeño

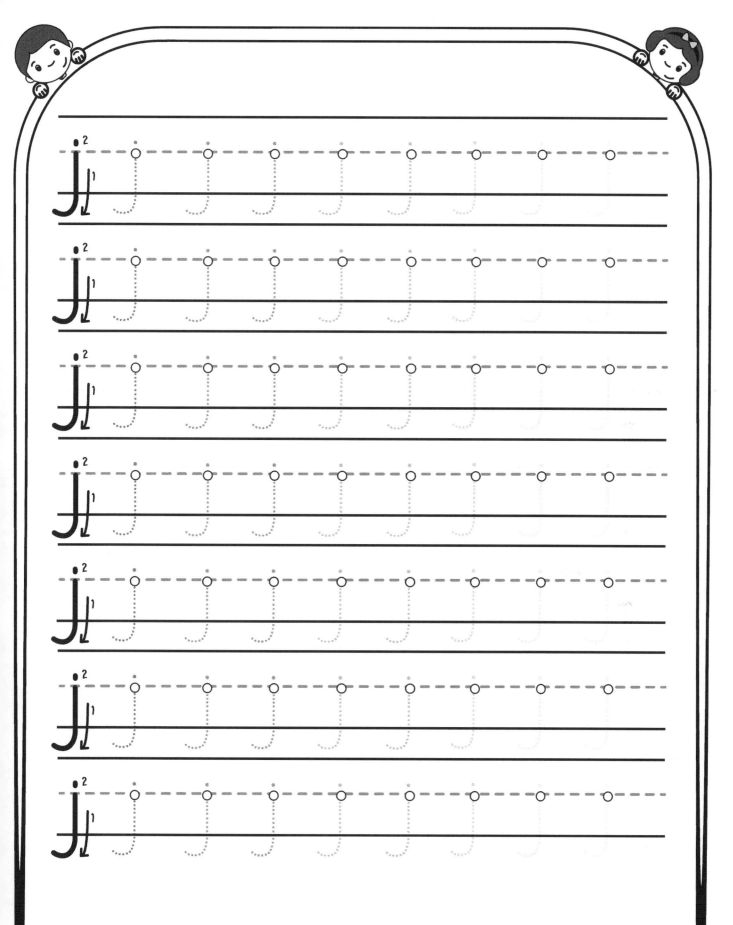

koala

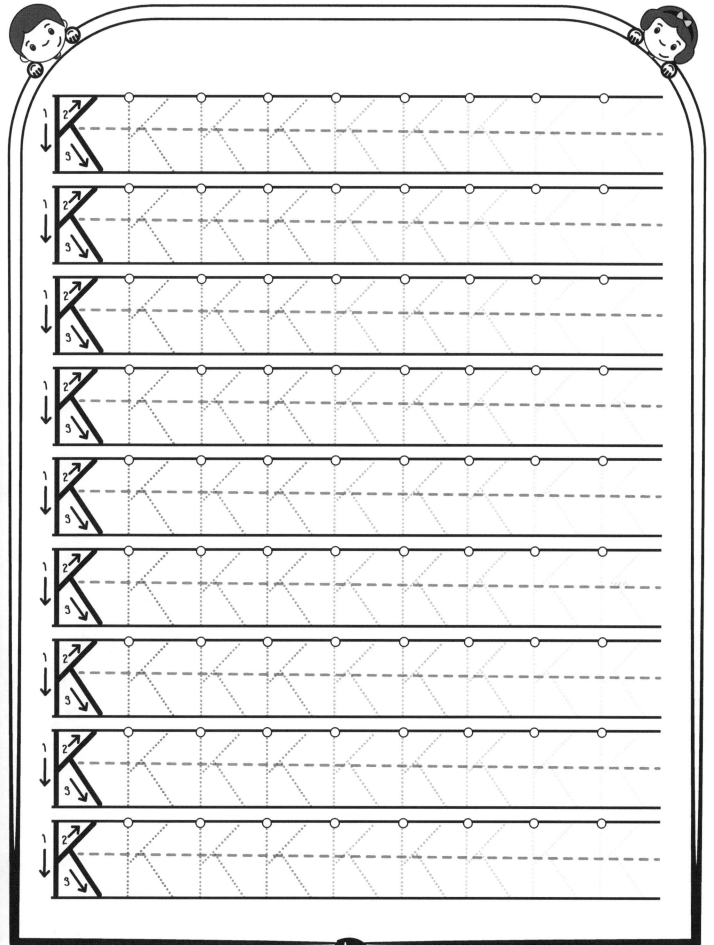

AaBbCcDdEeFfGgHhIiJjKkLlMmNn K ÑñOoPpQqRrSsTtUuVvWwXxYyZz

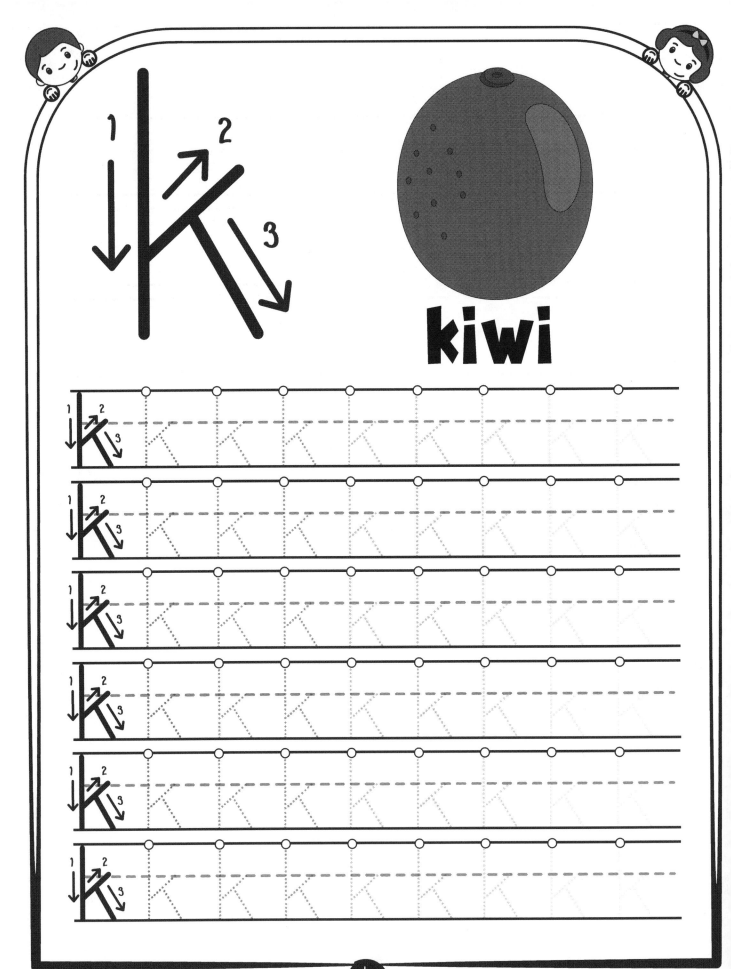

kiwi

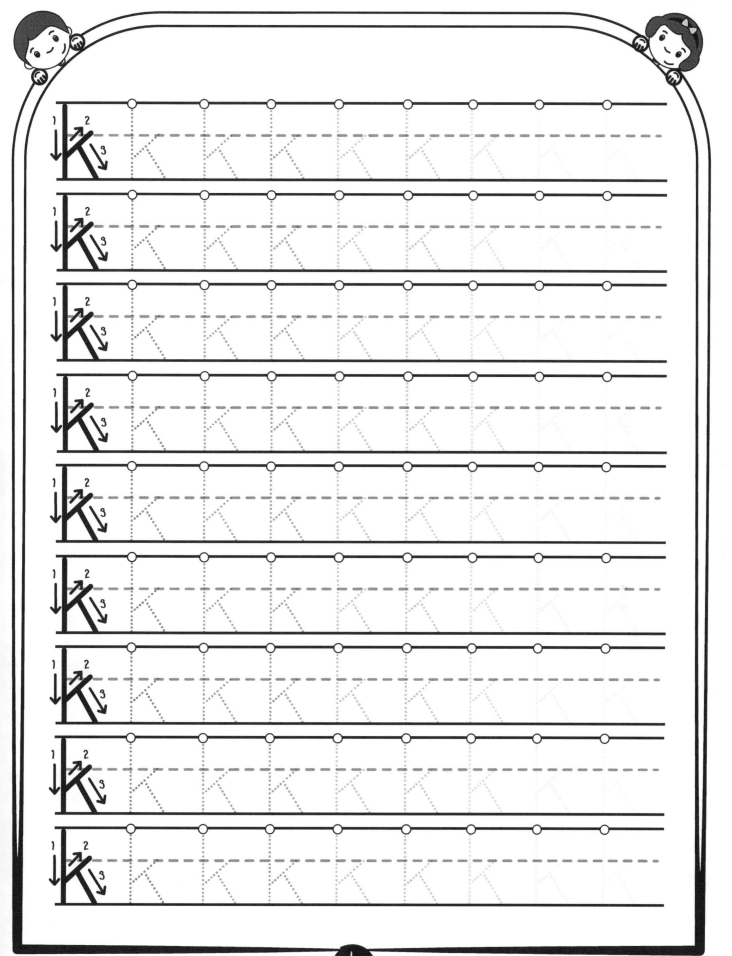

AaBbCcDdEeFfGgHhIiJjKkLlMmNn   k   ÑñOoPpQqRrSsTtUuVvWwXxYyZz

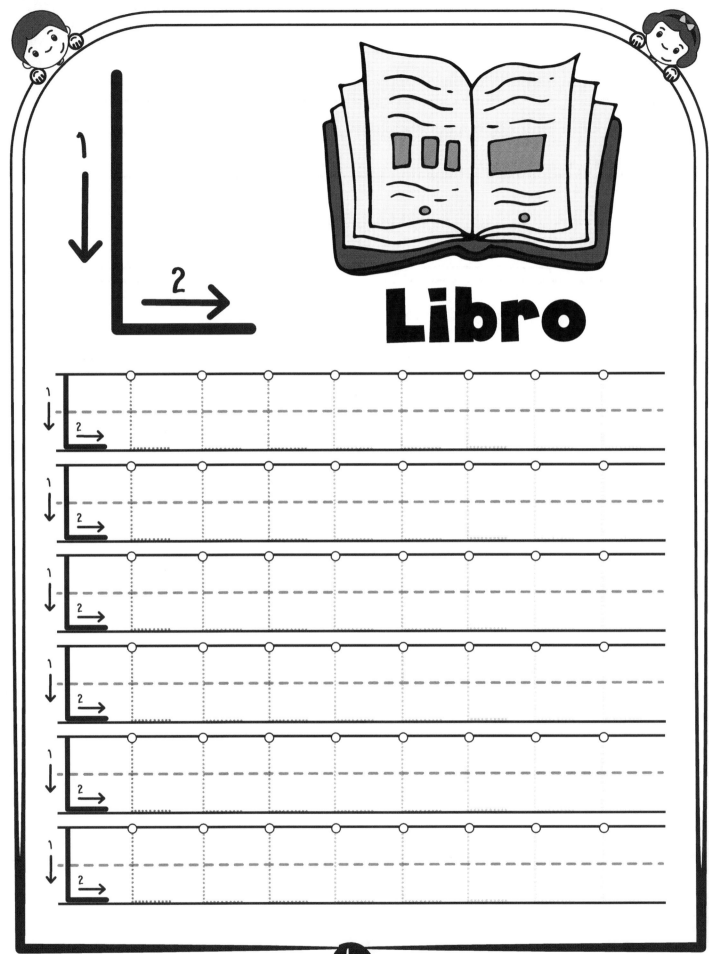

Libro

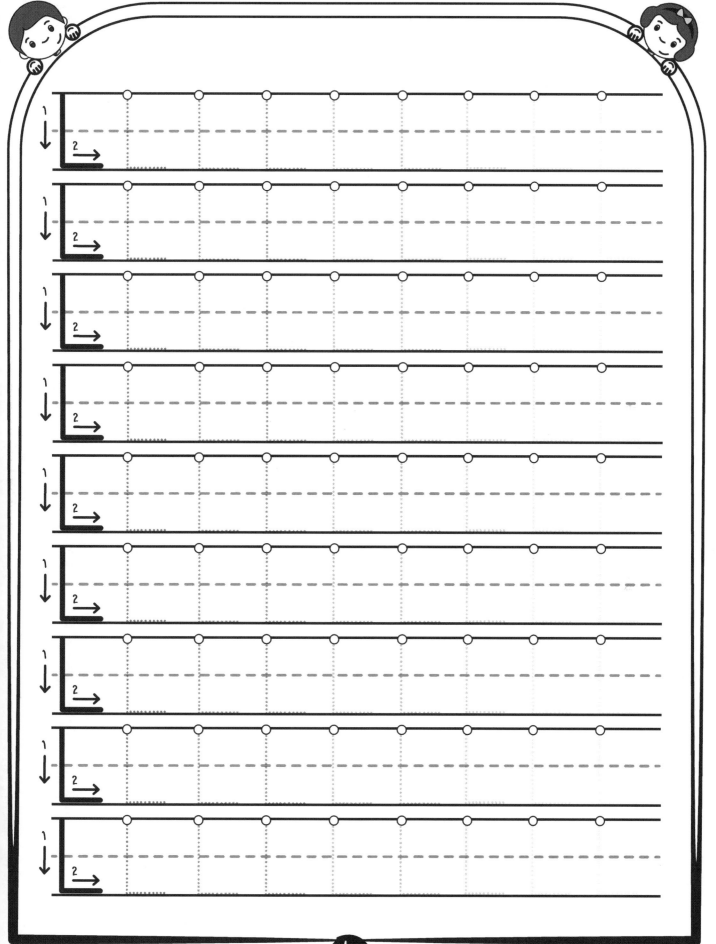

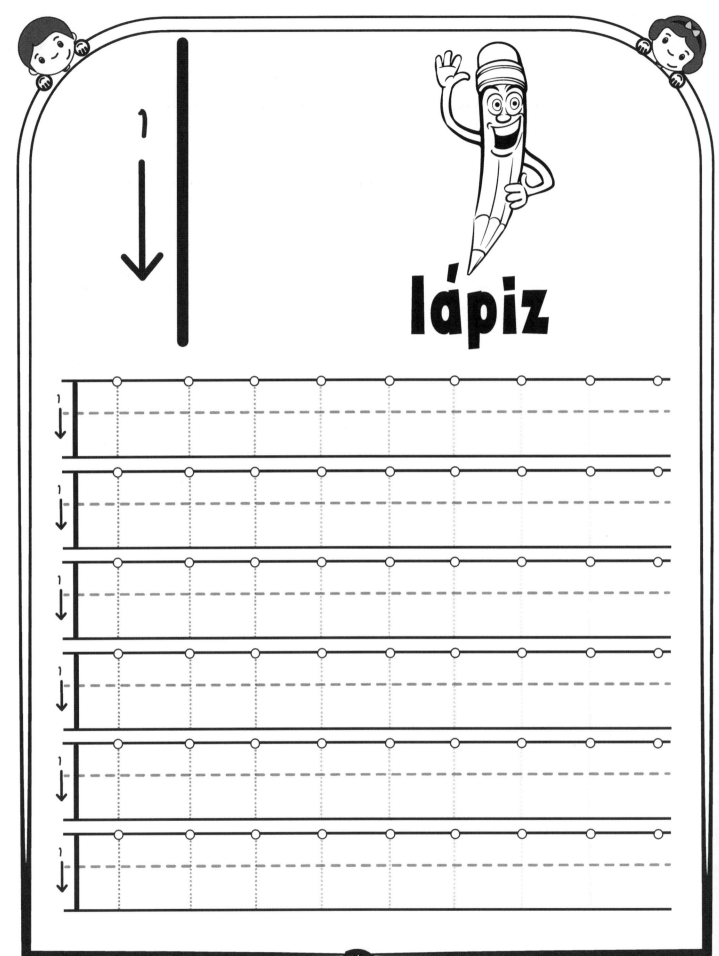

lápiz

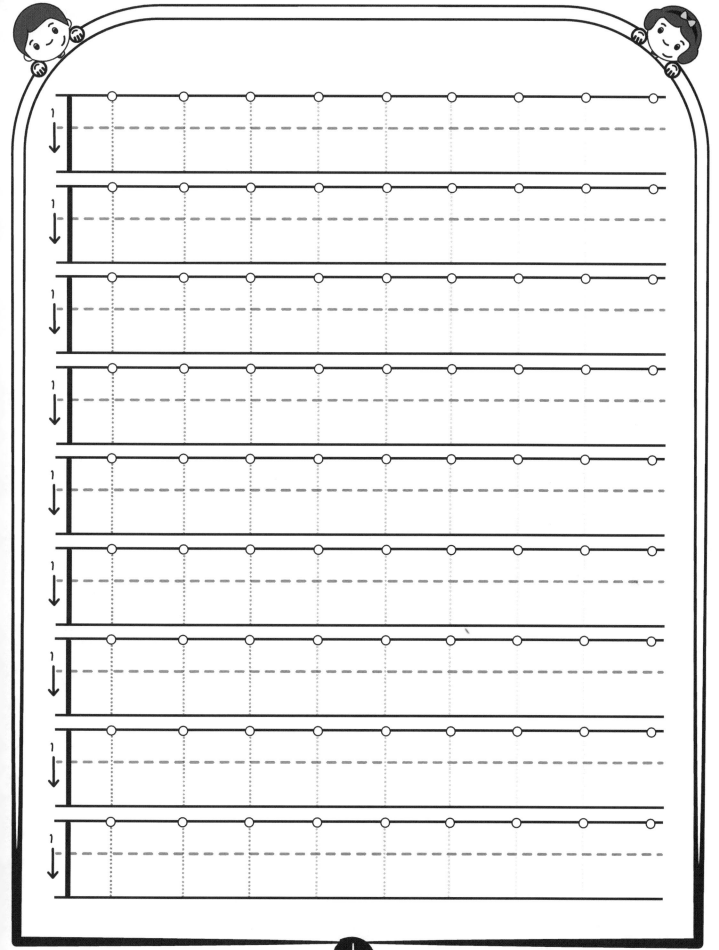

AaBbCcDdEeFfGgHhIiJjKkLlMmNn   ÑñOoPpQqRrSsTtUuVvWwXxYyZz

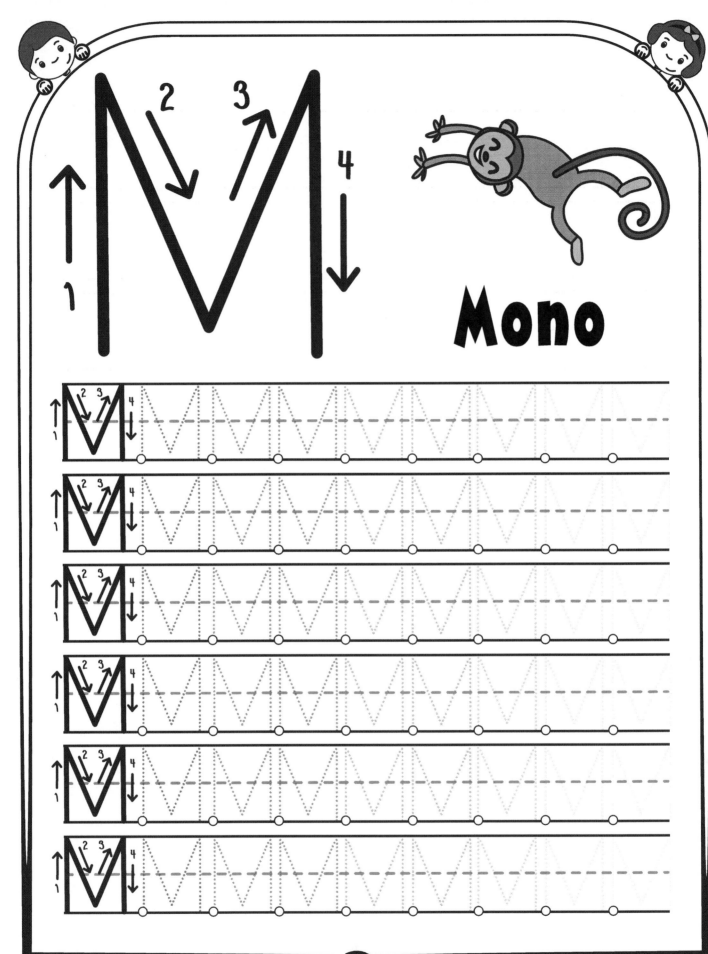

Mono

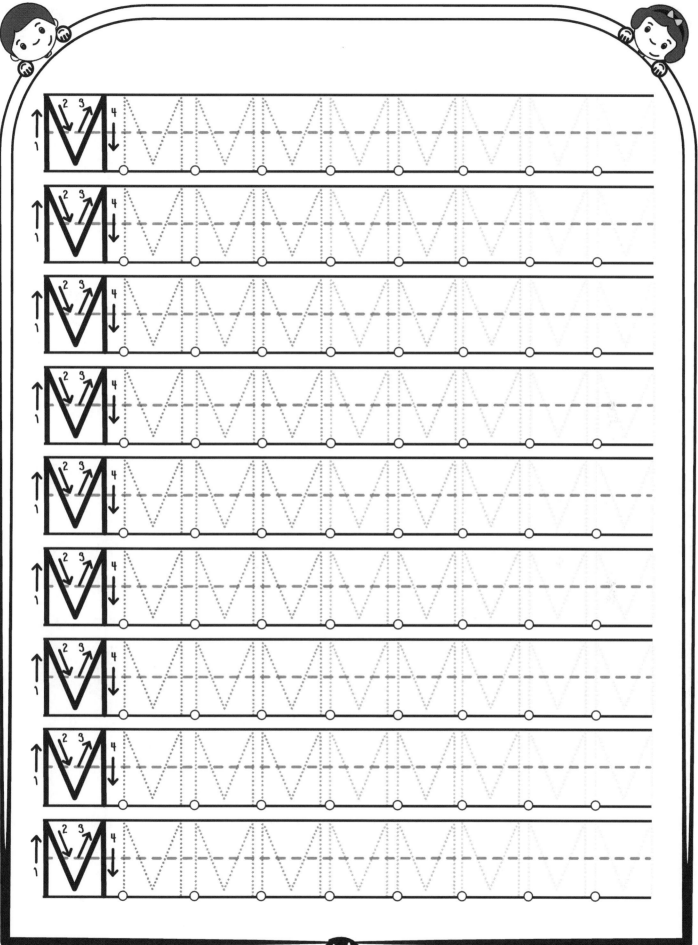

AaBbCcDdEeFfGgHhIiJjKkLlMmNn M ÑñOoPpQqRrSsTtUuVvWwXxYyZz

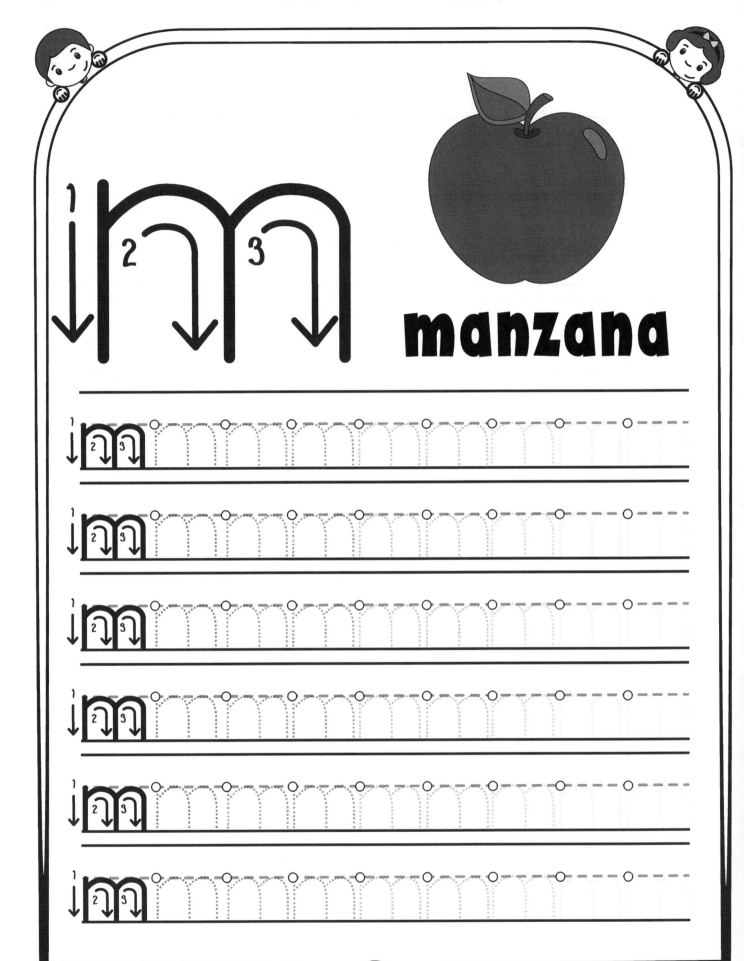

manzana

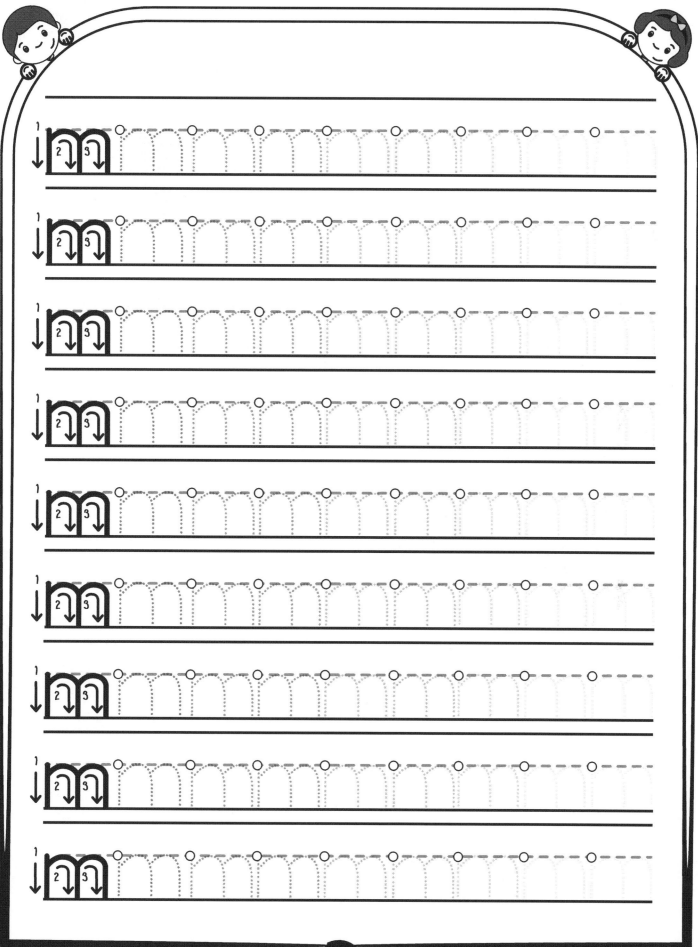

Naranja

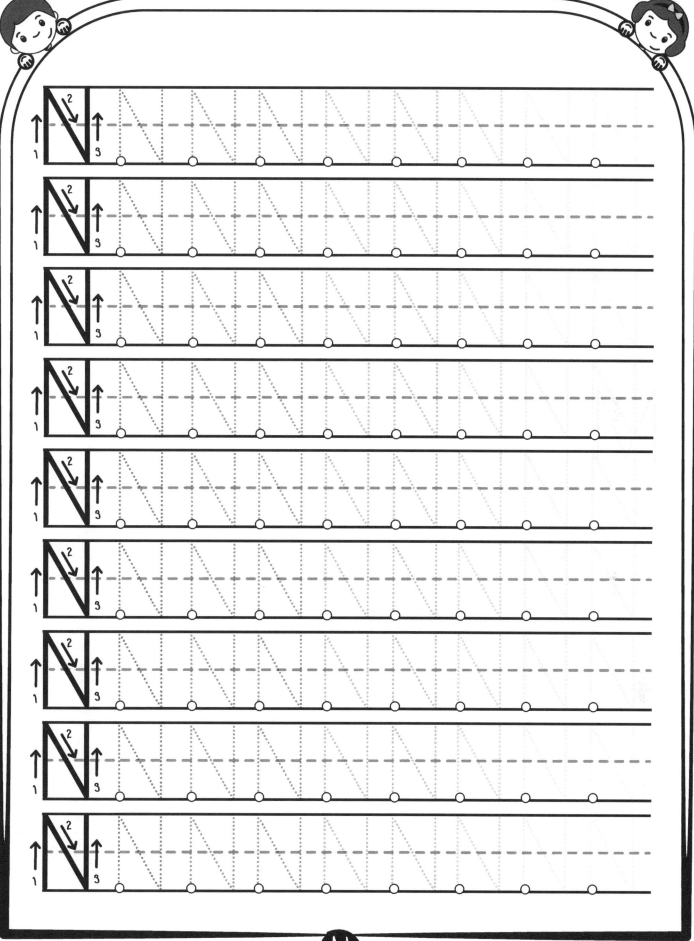

AaBbCcDdEeFfGgHhIiJjKkLlMmNn   N   ÑñOoPpQqRrSsTtUuVvWwXxYyZz

niña

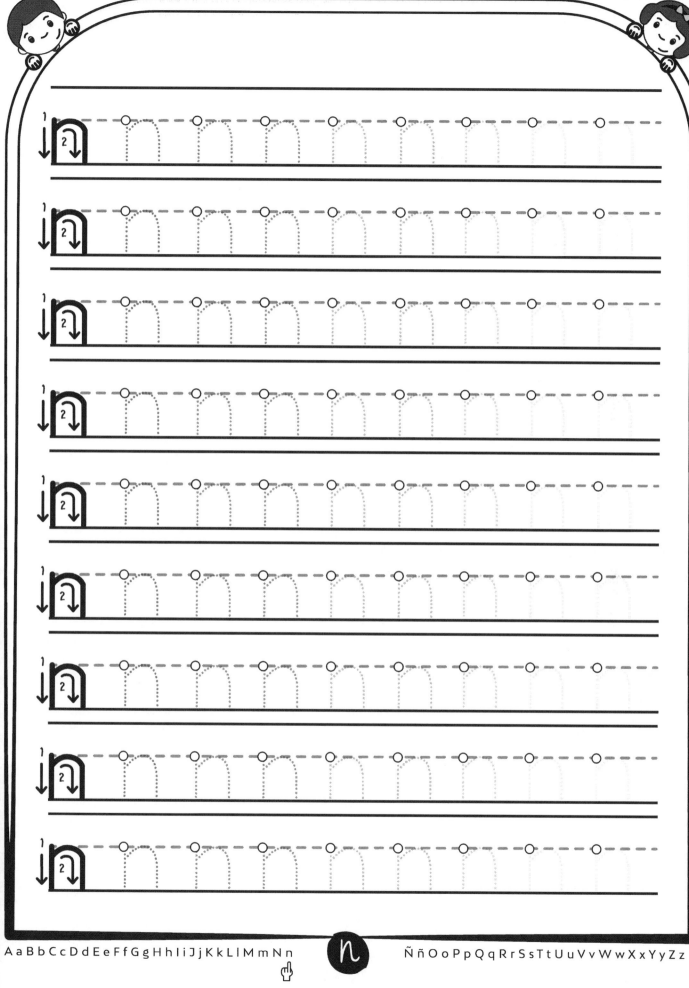

Ñandú

muñeca

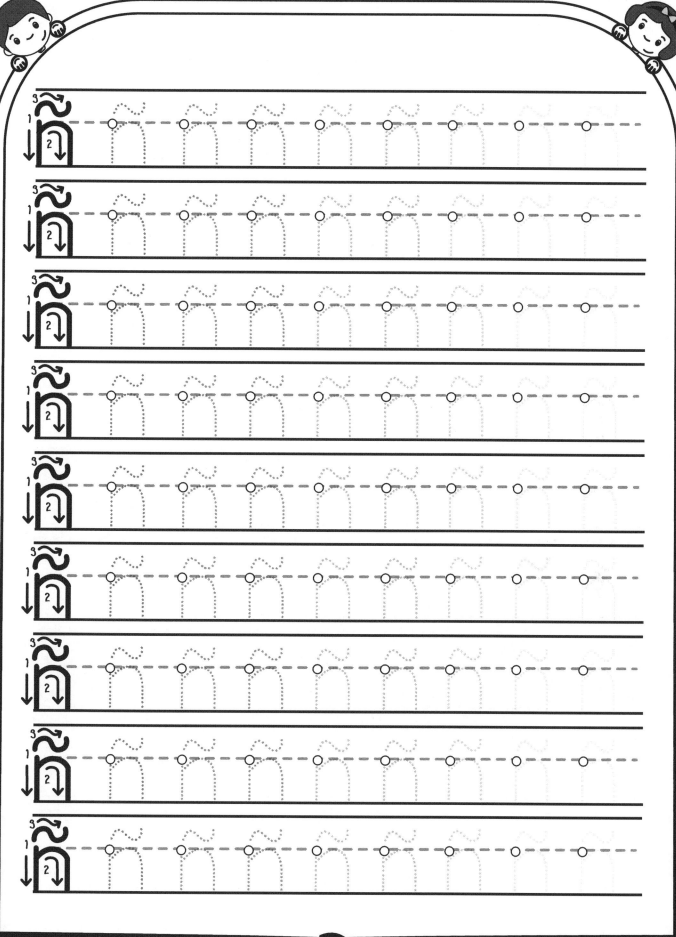

Oso

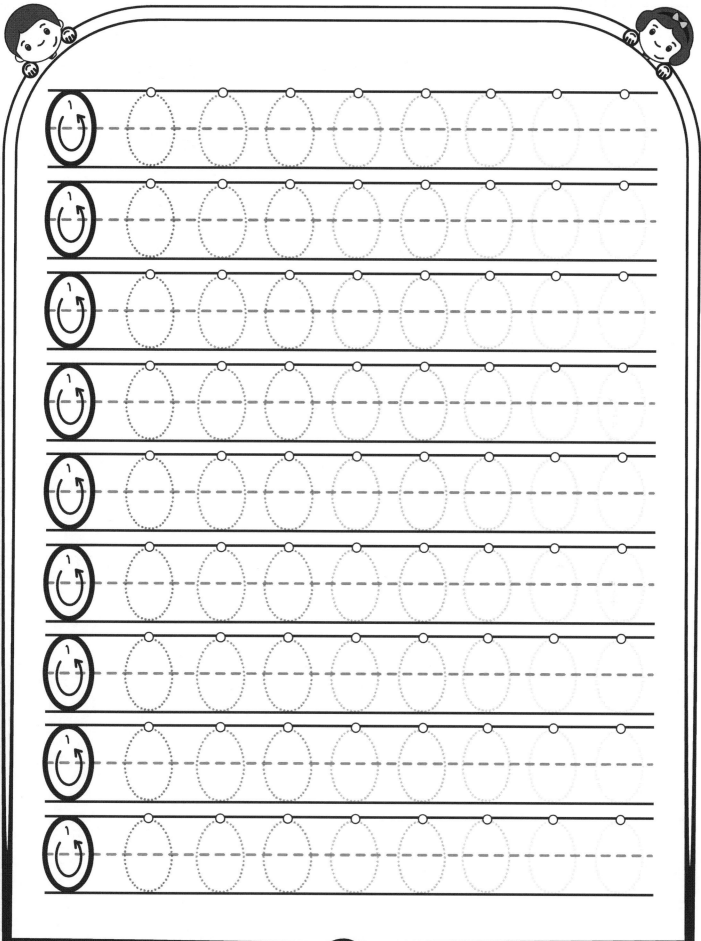

AaBbCcDdEeFfGgHhIiJjKkLlMmNn   O ÑñOoPpQqRrSsTtUuVvWwXxYyZz

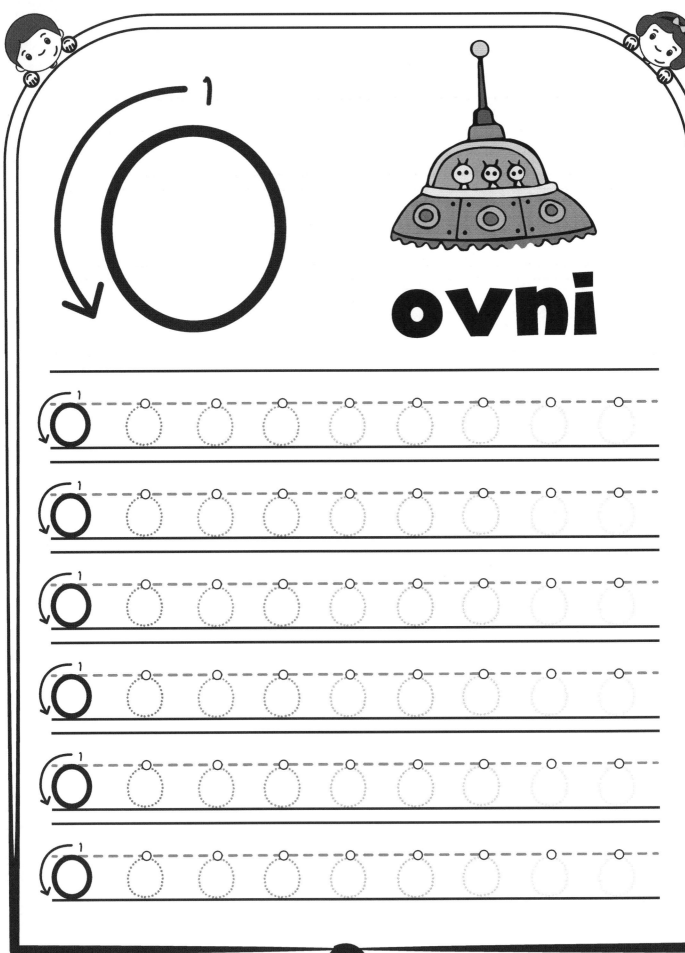

ovni

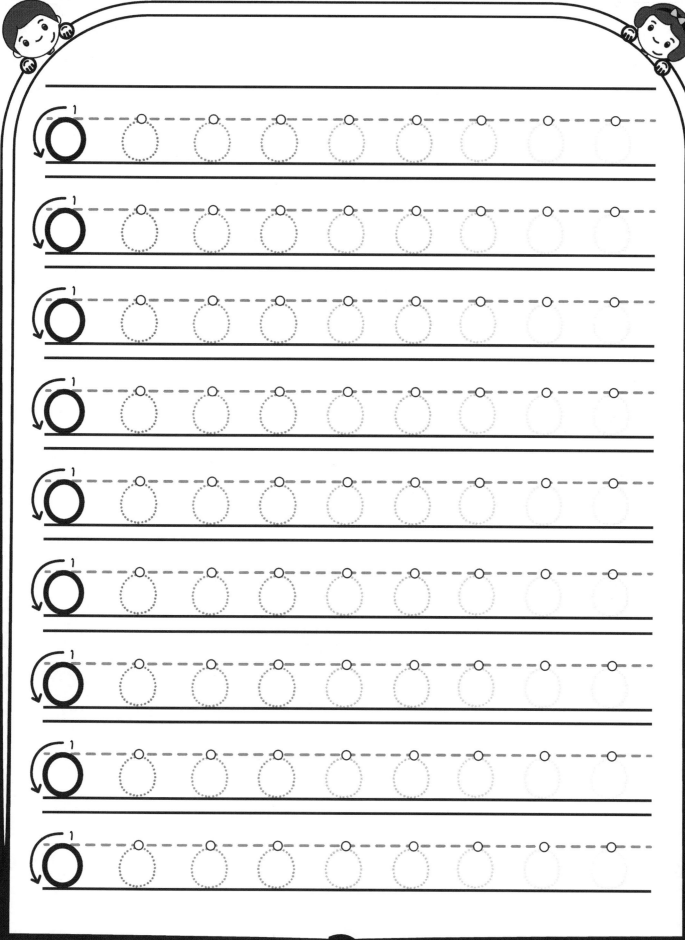

Panda

pavo real

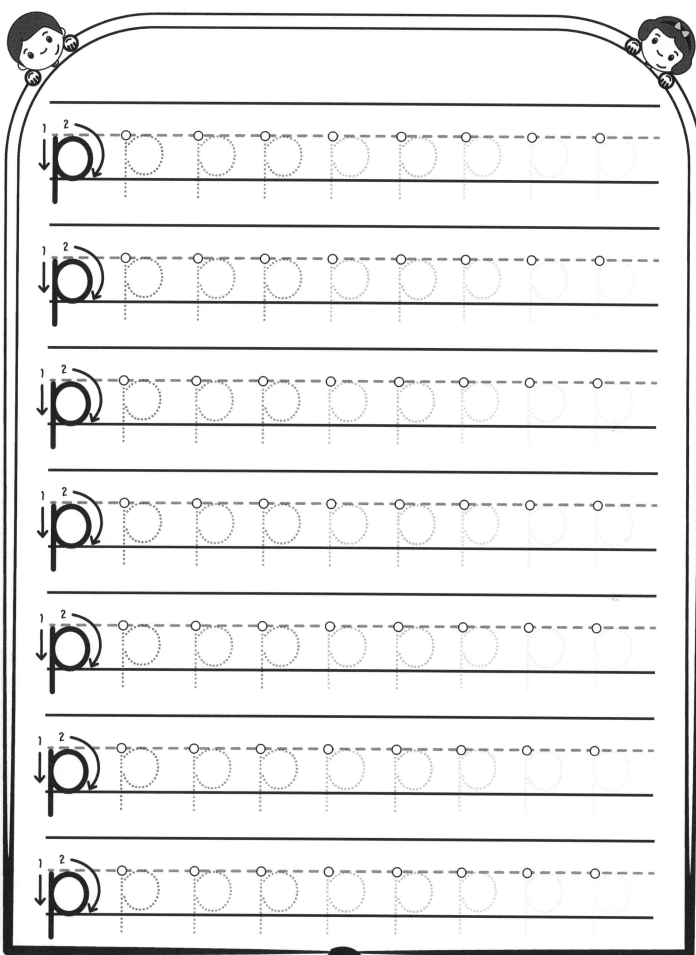

AaBbCcDdEeFfGgHhIiJjKkLlMmNn ρ ÑñOoPpQqRrSsTtUuVvWwXxYyZz

Queso

A a B b C c D d E e F f G g H h I i J j K k L l M m N n Q Ñ ñ O o P p Q q R r S s T t U u V v W w X x Y y Z z

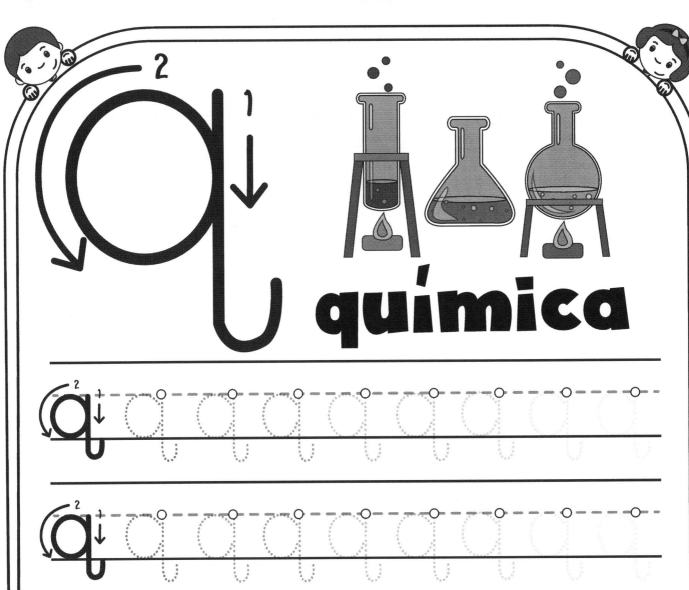

química

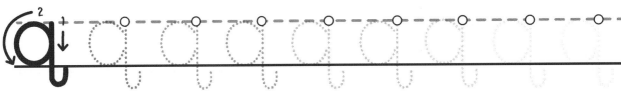

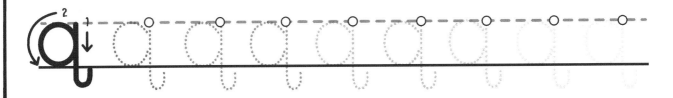

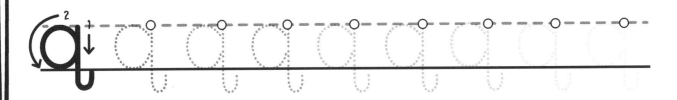

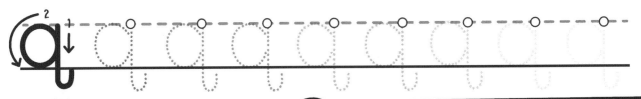

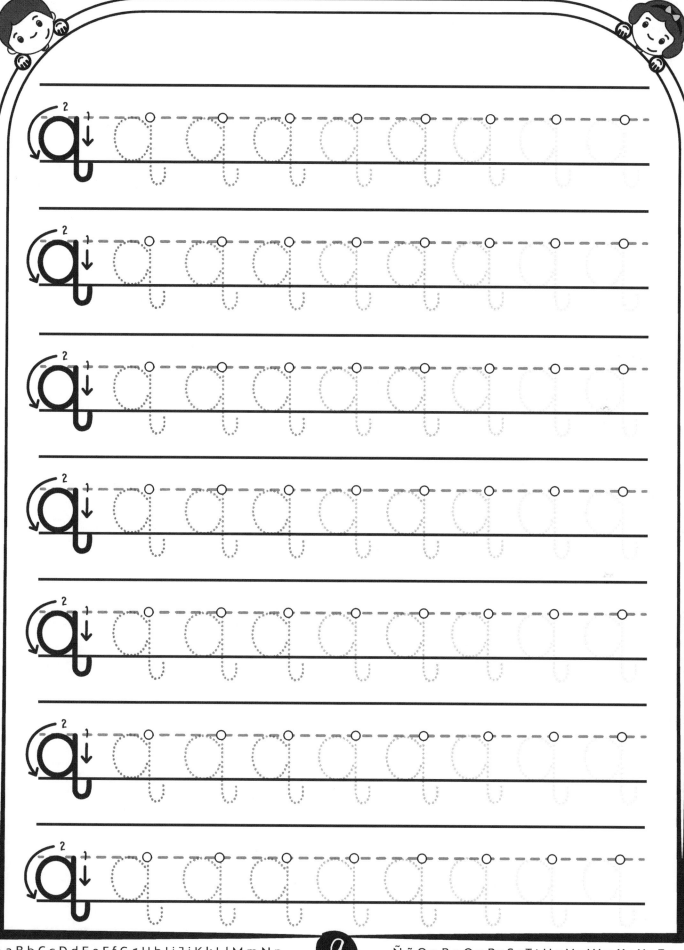

Reloj

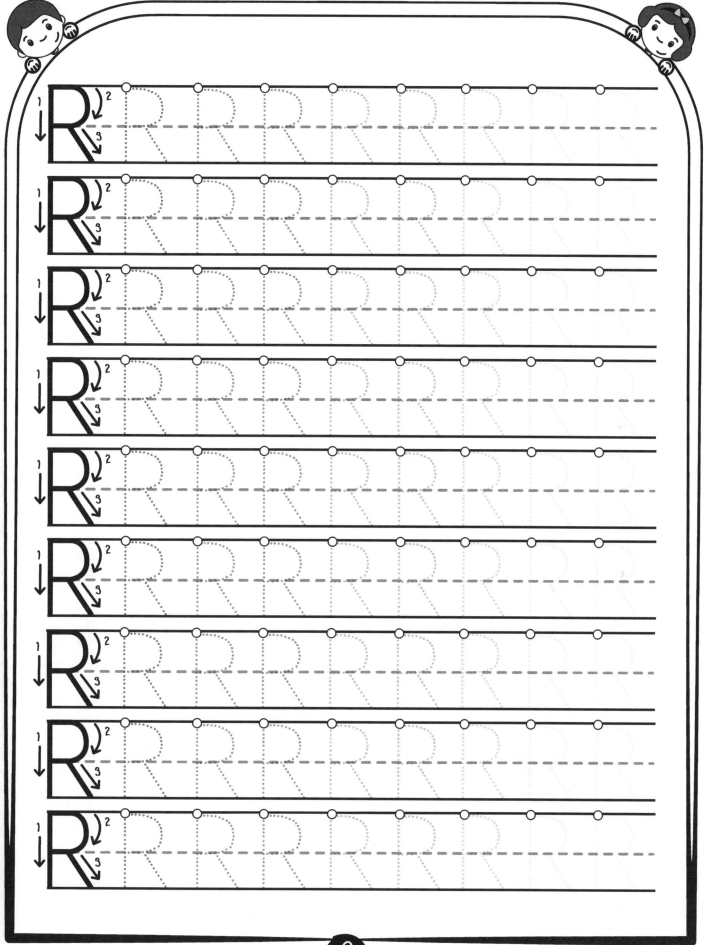

AaBbCcDdEeFfGgHhIiJjKkLlMmNn   R   ÑñOoPpQqRrSsTtUuVvWwXxYyZz

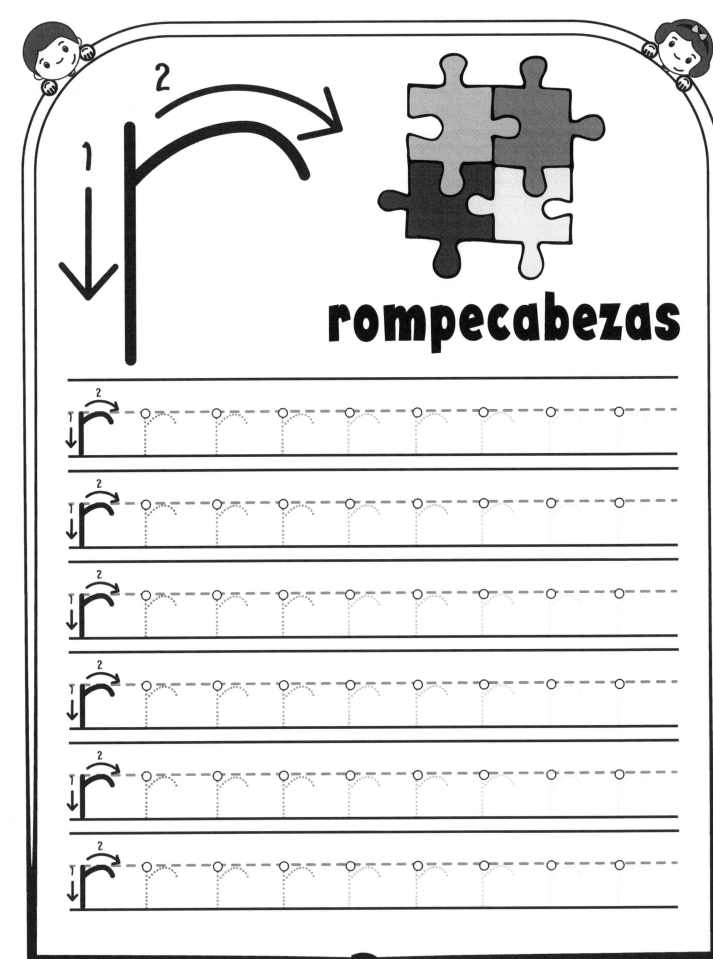

rompecabezas

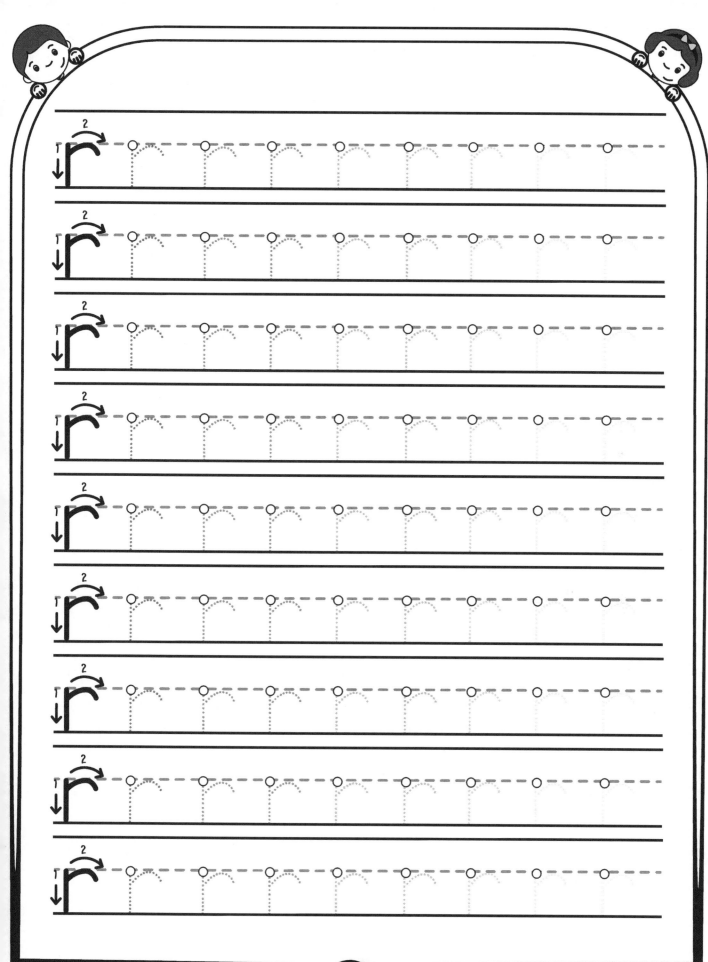

Sombrero

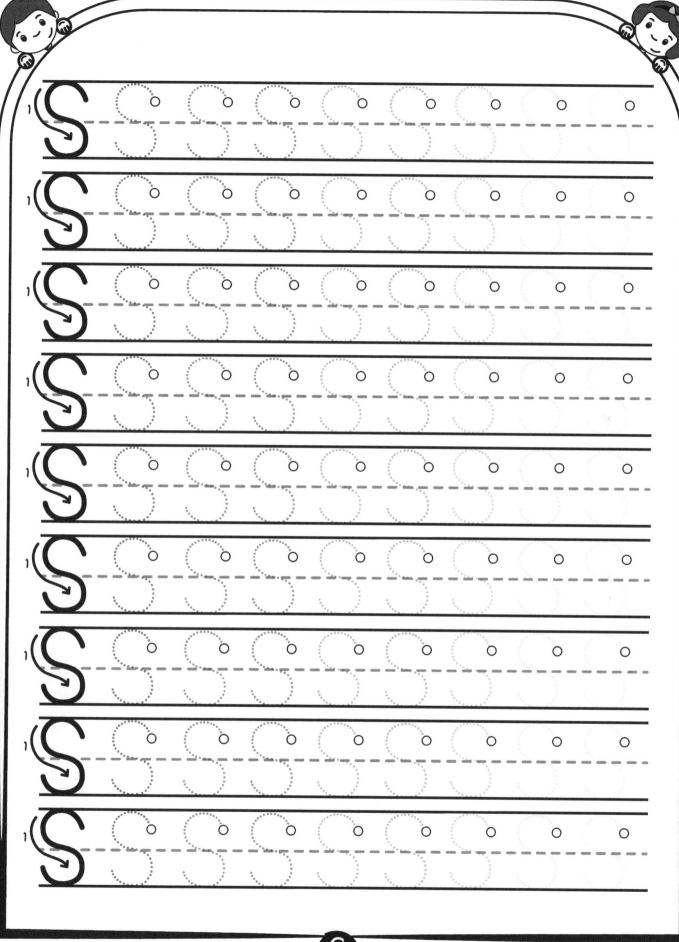

sandía

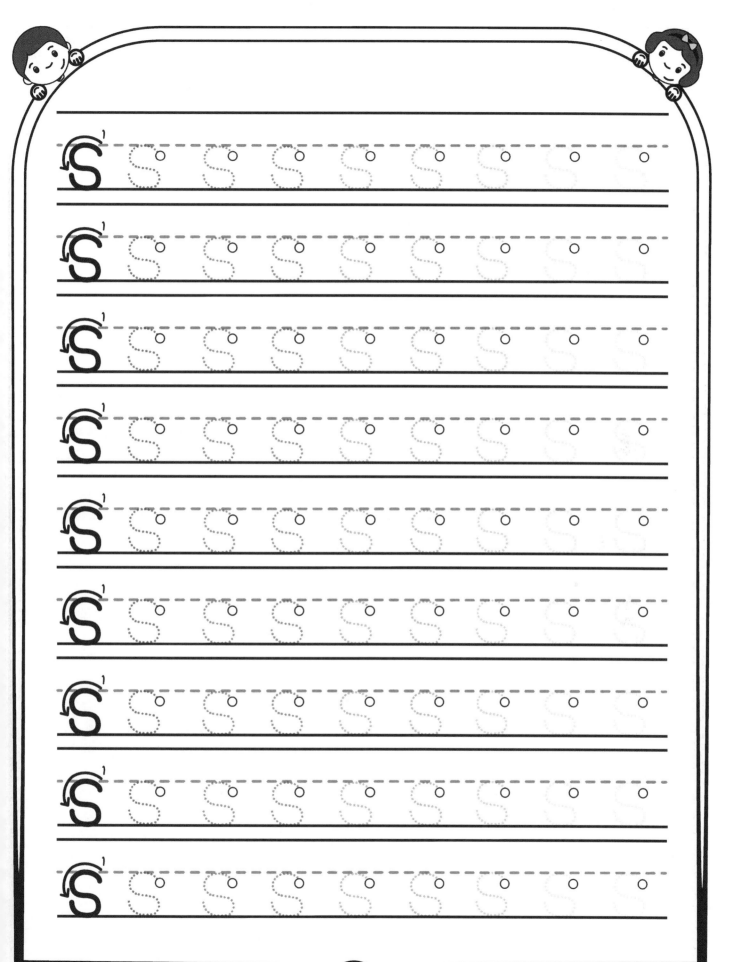

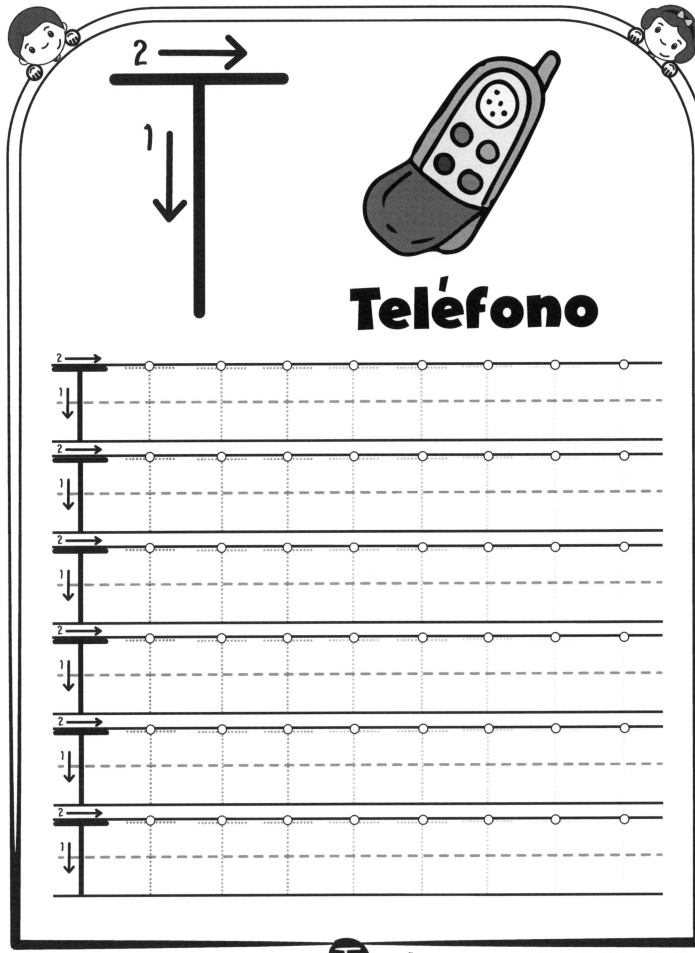

Teléfono

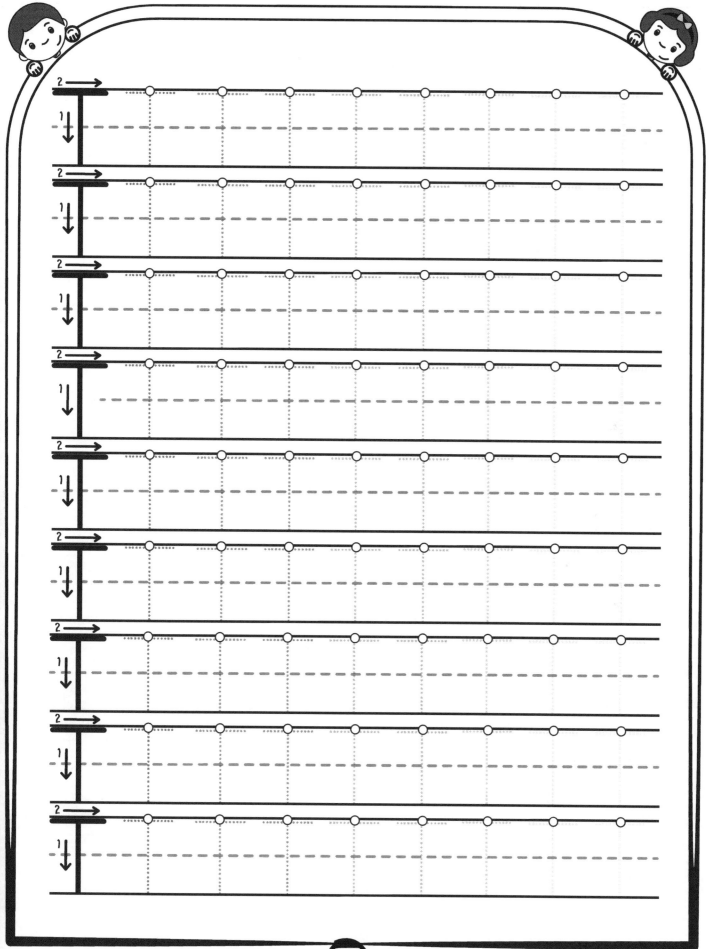

AaBbCcDdEeFfGgHhIiJjKkLlMmNn T ÑñOoPpQqRrSsTtUuVvWwXxYyZz

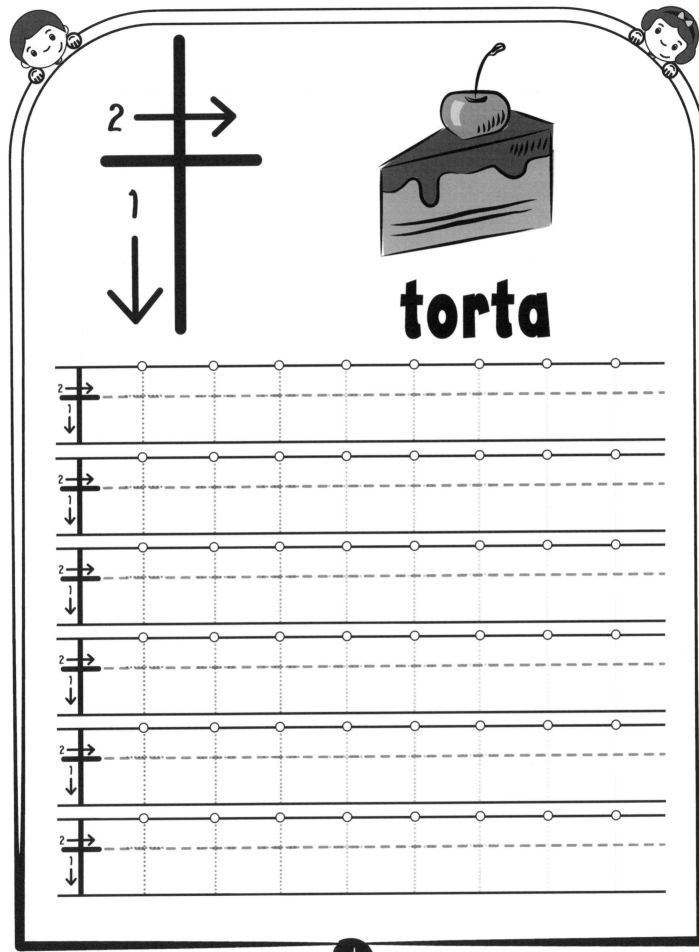

torta

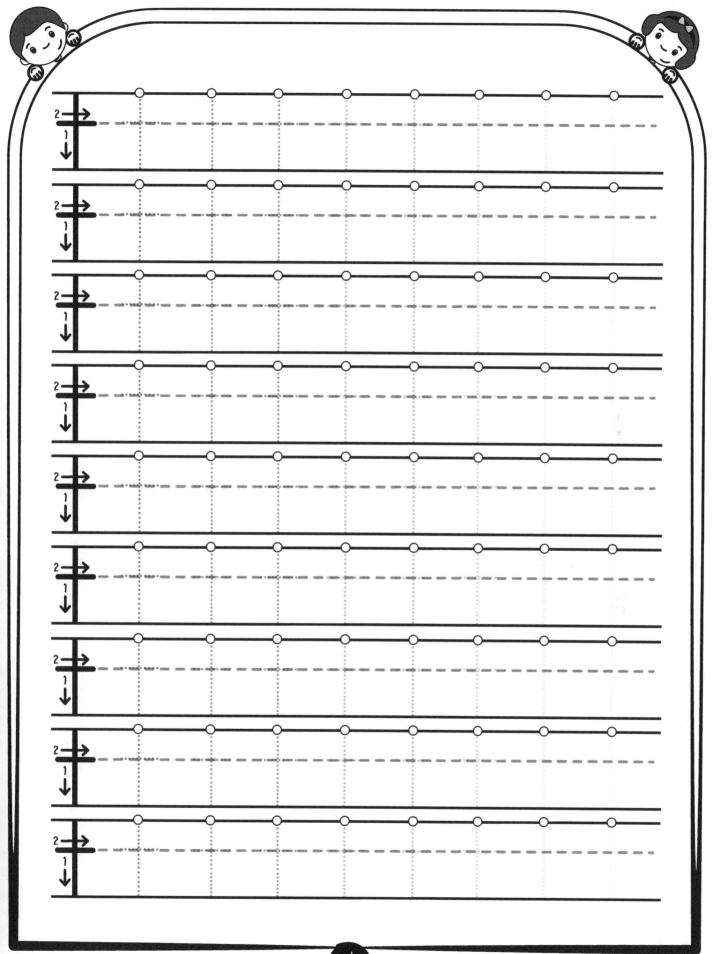

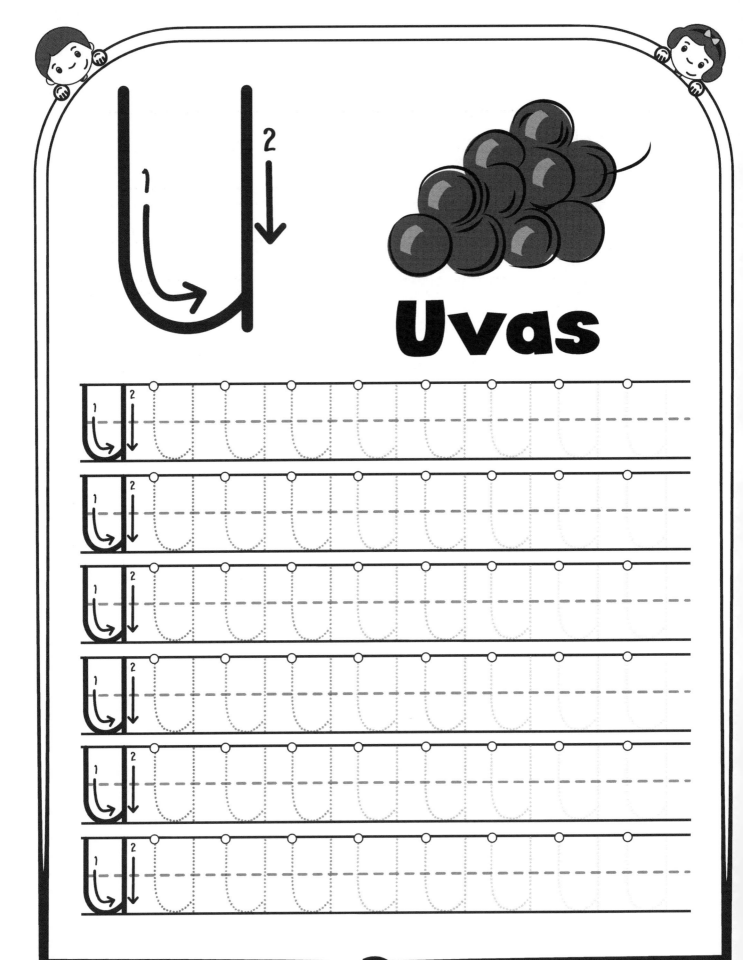

Uvas

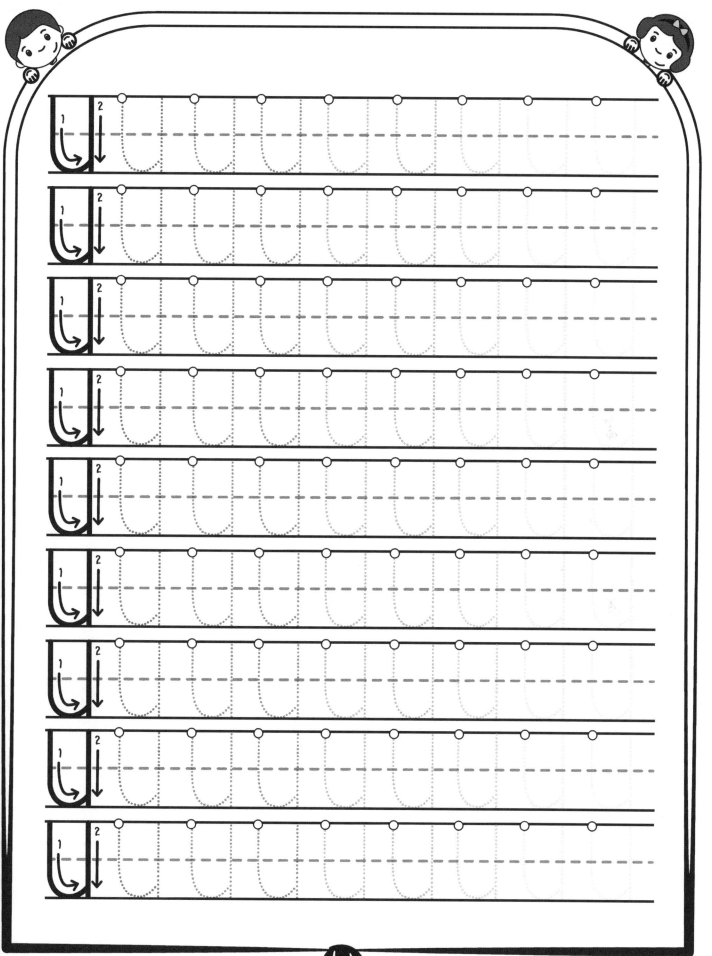

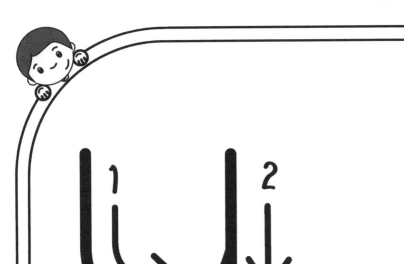

uniformado

Volcán

AaBbCcDdEeFfGgHhIiJjKkLlMmNn ÑñOoPpQqRrSsTtUuVvWwXxYyZz

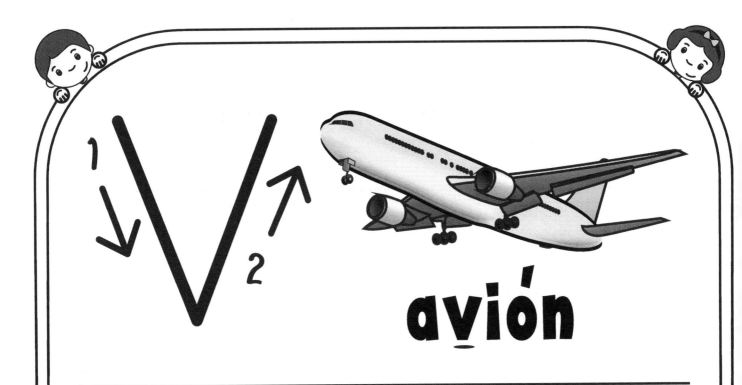

avión

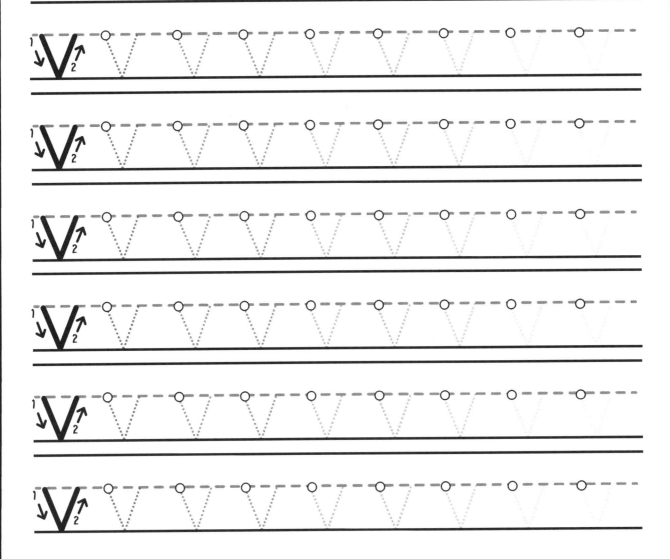

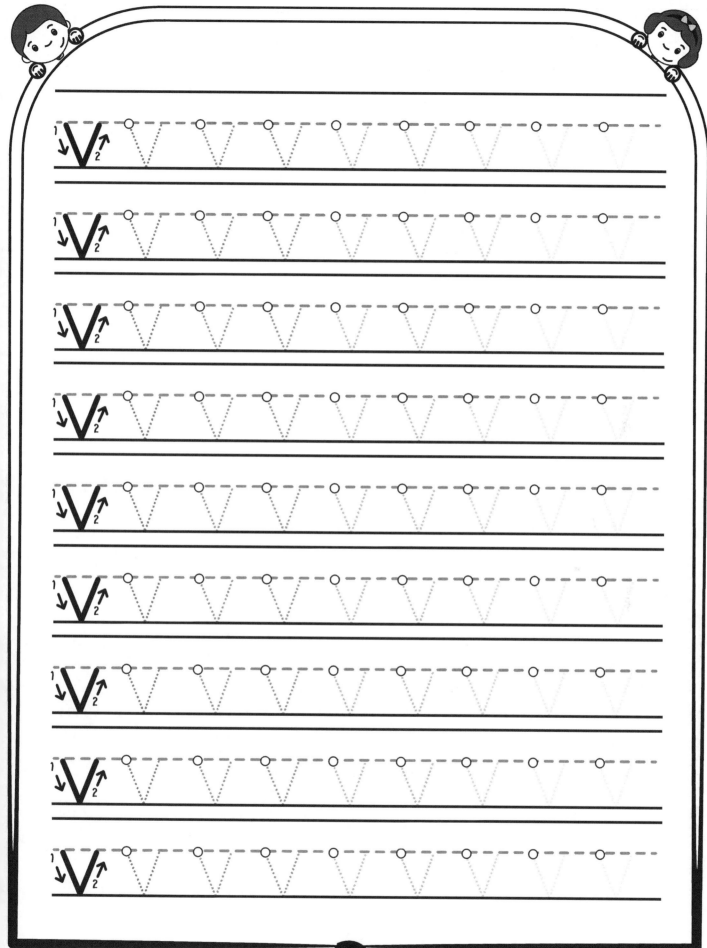

AaBbCcDdEeFfGgHhIiJjKkLlMmNn V ÑñOoPpQqRrSsTtUuVvWwXxYyZz

William

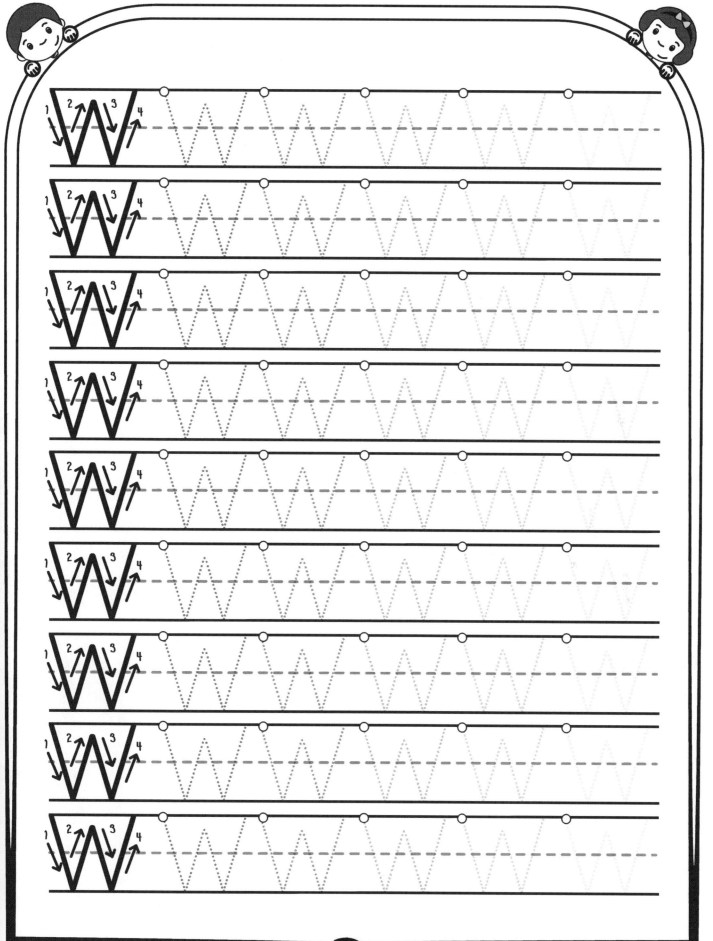

Darwin

Xilófono

taxi

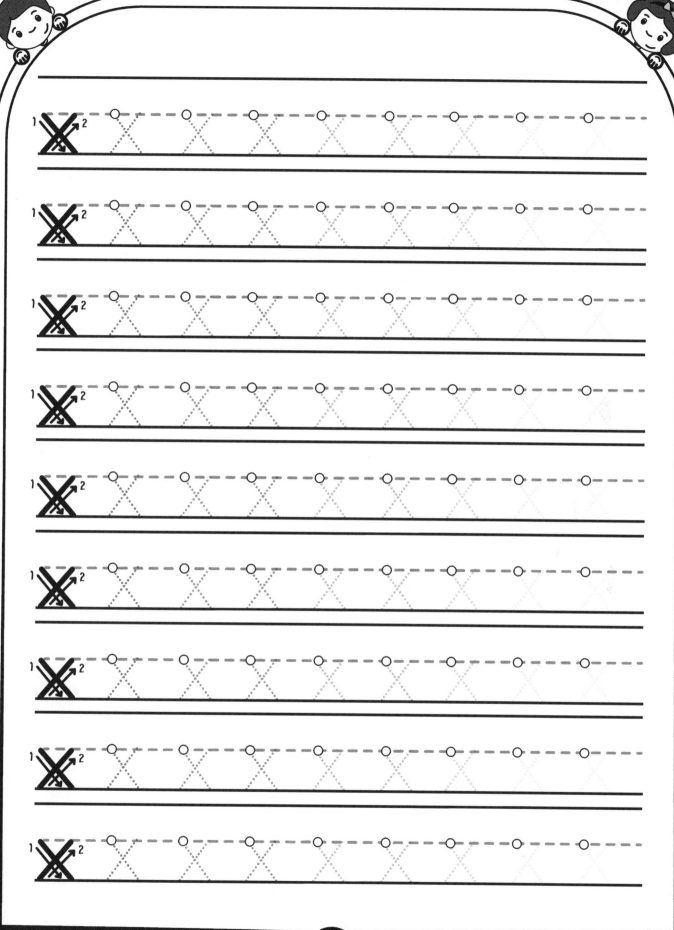

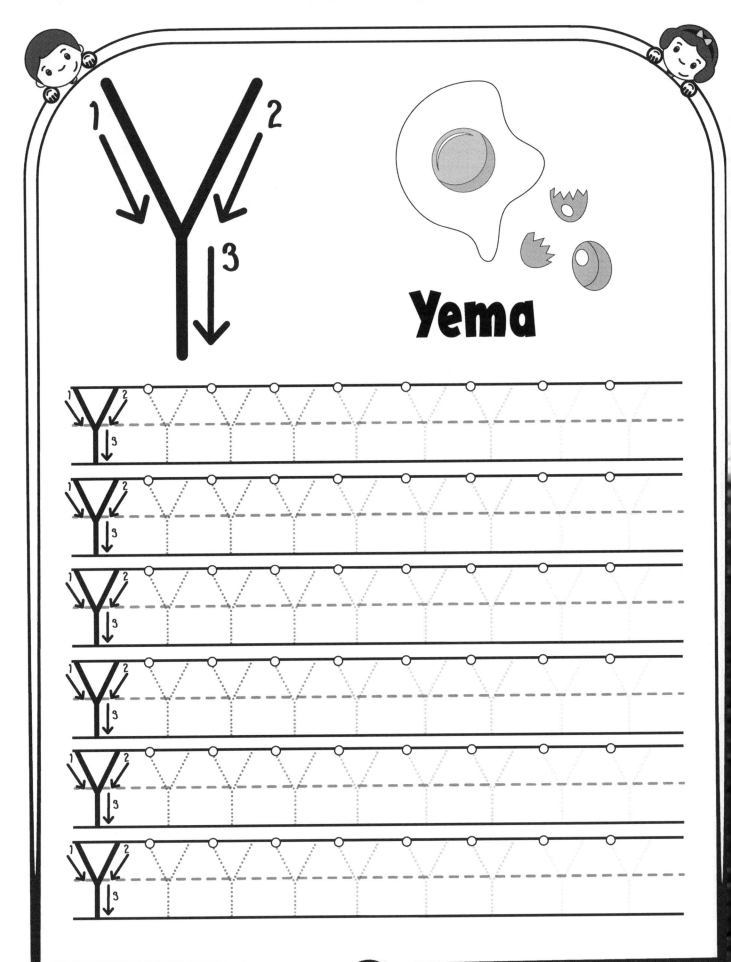

Yema

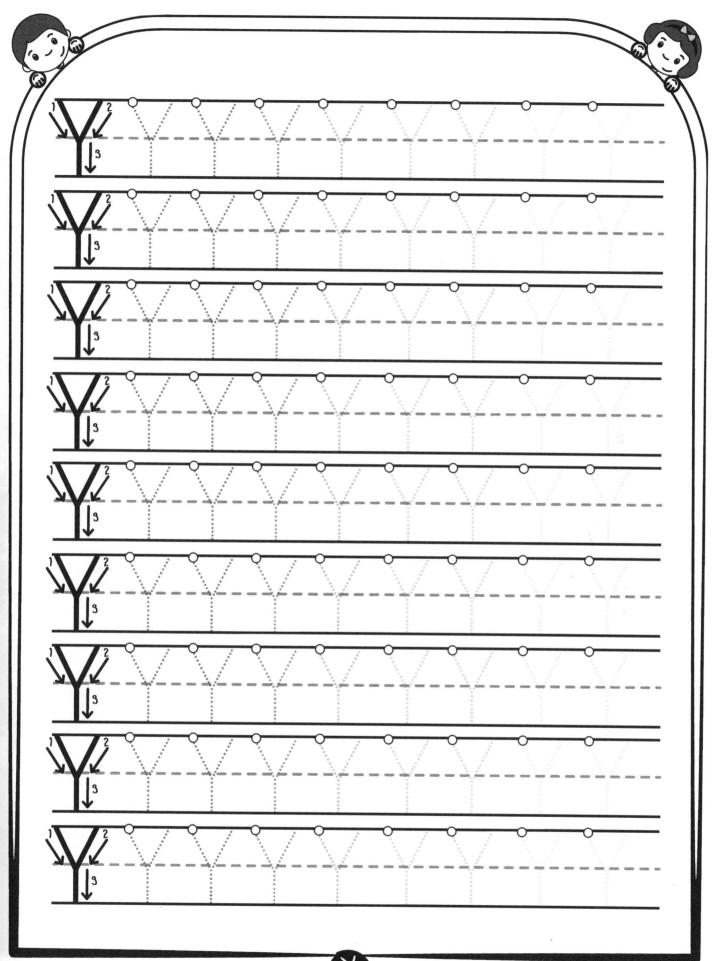

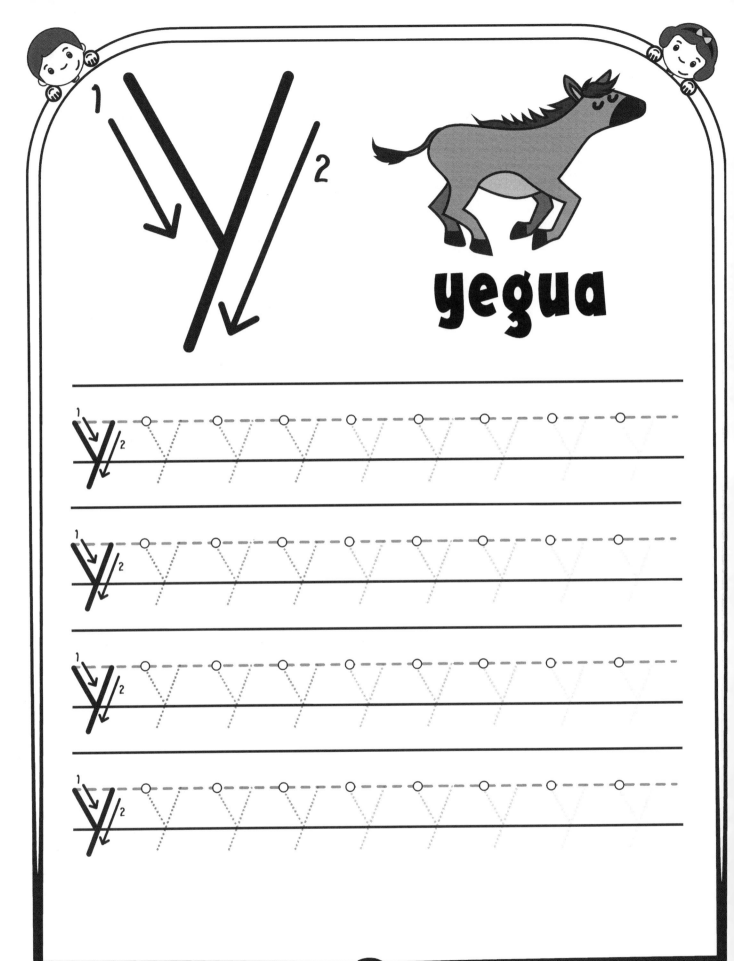

yegua

Zanahoria

zorro

Made in the USA
Coppell, TX
04 October 2020